小学校のための

法教育12教材

〜一人ひとりを大切にする子どもを育む

日本弁護士連合会市民のための法教育委員会　編著

東洋館出版社

刊行にあたって

　わたしたちは，学校や会社を含む社会集団の中で，いやおうなく，自分とは考えが合わない人との人間関係や，利害が対立する人間関係を経験することになります。法とは，このような人間関係を調整するための技術ですが，社会には数えきれないほど多くのルール（法律，政令，規則，条例など）があり，その中のいくつかを「つまみ食い」的に学んで断片的な知識を身に付けていくことは，「人を育む」という教育の本質とは程遠いもののように思われます。また，それだけ多くのルールがあるにもかかわらず，実は，わたしたちが実生活の中で出合う一つ一つのトラブルの解決方法が「何かのルールに書いてある」というわけでもありません。そこに書かれているのは一応の目安にすぎず，テレビの法律相談番組などで法律専門家どうしの意見が食い違うことがあるのも，そのためです。

　とは言っても，一人ひとりの人間を大切にすること（これを「個人の尊厳」といいます。）を根本的な価値としてスタートした近代社会は，ルールを作ったり変えたりするときの指針となる法的な原理や原則をいくつかもっています。一人ひとりの人間の価値を尊重するための権力を意味する公権力（権威）を民主的に作り出し，その公権力がルールを作るべきこと，公権力が濫用されて一人ひとりの自由が奪われることがないように市民が政治を監視したり政治に参加したりすべきこと，多数決によっても一人ひとりの自由を奪うルールを作ってはならないこと（立憲主義），一人ひとりの事情に目配りしたうえで皆にとって公平な内容のルールが作られるべきこと（配分的正義），わざと（または，うっかり）他人を傷つけたときには加害者・被害者それぞれの事情に目配りしたうえで公正な対処が決められるべきこと（匡正的正義），じゅうぶんに議論したうえでお互いに納得して合意したこと（契約）は誠実に守らなければならないこと，議論を尽くさずに（例えば一方当事者が自分に不都合な事実を隠しておいて）なされた合意に縛られる必要はないこと（契約自由の修正）など，日常生活では使わないような見慣れない語が並んでいたとしても，言っていることは，一人ひとりを大切にしましょうということ，一人ひとりの事情に目配りしましょうということ，そのために理性的な話し合い（議論）をしましょうということ，これだけのことにすぎません。

　「法教育」は，法律やルールを教えることではなく，このようなことができる子どもたちを育むことを目指します。市民のための法教育委員会の願いは，このようなことができるようになった子どもたちが巣立っていき，より住みよい社会，より一人ひとりが大切にされる社会で将来の世代が充実した人生を送れることです。「一人ひとりを大切にする子どもを育む」という本書の副題には，このような願いを込めました。本書を一助として多くの教室で法教育授業を実践してみていただけると大変うれしく思います。

　2017 年 8 月

　　　　　　　　　　　日本弁護士連合会 市民のための法教育委員会 委員長　野坂　佳生

目　次

刊行にあたって　　1

小学校における法教育の意義と進め方　　5

この教材集の構成について　　11

小学校のための法教育教材

［話し合いと約束］

No.1　約束をする・約束を守る　　16
　　―カードゲームを通じて，約束をする際の交渉の重要性を理解させる―

［正しくない約束］

No.2　約束は絶対に守らなければならないの？　　36
　　―約束について根本から振り返り，その原則と修正について学ぶ―

［他者への責任］

No.3　他人の権利を尊重すること　　48
　　―他者への配慮について考えてみよう―

［トラブル解決方法］

No.4　「もめごと」の解決方法　　64
　　―調停員を体験してみよう―

［ルールの必要性］

No.5　なぜ「きまり」を守らなければいけないの？　　76
　　―「きまり」（法）と権威の必要性を学ぶ―

［リーダーの選び方］

No.6　リーダーを選ぼう！　　88
　　―リーダーを民主的にコントロールすることを学ぶ―

［ルールづくり］

No.7　ルールづくり　　100
　　―ルールづくりを通じて，ルールの存在意義を実感する―

[多数決で決められないこと]
No.8 みんなで決めていいこと，だめなこと ……… 116
―多数決でも決めてはいけないことを学ぶ―

[公平な分け方]
No.9 なにが公平・不公平？ ……… 130
―利益や負担を公平に分ける―

[間違いの正し方]
No.10 正義ってなんだろう？ ……… 140
―バランスの取れた罰の重さについて考えてみよう―

[ものごとの決め方]
No.11 「正しい決め方」を決めよう ……… 152
―ものごとを決める際の「手続きの公正さ」を理解し，身近な問題に応用する―

[三角ロジック]
No.12 本当に犯人？　三角ロジックで考えてみよう ……… 164
―三角ロジックを使って事実を分析し，論理的思考力を身に付ける―

日弁連広報キャラクター
「ジャフバくん」

小学校における法教育の意義と進め方

國學院大學教授　安野　功

はじめに

　本書は，小学生を対象とした法教育の教材集です。対象は主として中学年と高学年。道徳，特別活動，国語，社会，体育などの教科，総合的な学習の時間における活用を想定しています。
　ところで，本書の活用に当たり，まず基本的な問いを解決しておきたいと思います。それは……
「なぜ，小学校で法教育なのか」
「法教育を，日々の授業にどのように位置付けて実践していくのか」
などの問いです。
　以下，これらについて，読者のみなさんと一緒に考えていきたいと思います。

1．小学校における法教育の意義

(1) 学校の教育目標と憲法・教育基本法

　"教科を通して人を育てる"という言葉があります。
　学校教育の目的を分かり易く端的に言い表したものです。
　保護者会で，「塾と学校との違いは何ですか」と聞かれたとき，この言葉で説明すると「なるほど，そこが学校と塾との違いか」と納得していただけることが多いようです。
　ところで，この言葉の根拠はどこにあるのでしょうか。
　それは，日本の教育制度やその目的及び理念等を定めている日本国憲法及び学校教育法です。そこでは，教育の目的について，次のように規定しています。

　（教育の目的）
　　第一条　教育は，人格の完成を目指し，平和で民主的な国家及び社会の形成者として必要な
　　　資質を備えた心身ともに健康な国民の育成を期して行われなければならない。

〈教育基本法〉

　義務教育として行われる小学校教育は，この教育基本法が掲げる教育の目的の実現を目指し，学校教育法に定められた目標，例えば，「学校内外における社会的活動を促進し，自主，自律及び協同の精神，規範意識，公正な判断力並びに公共の精神に基づき主体的に社会の形成に参画し，その発展に寄与する態度を養うこと」などが十分達成できるようにしていかなければなりません。

その意図的・計画的な教育の場こそが小学校であり，国語，社会などの各教科，道徳，特別活動などの教育活動を通して，その目的実現や目標達成に向けて日々子どもたちを育てていくのです。

だからこそ，各学校では自校の教育目標を，目指す児童像という表現を用いて定めています。「たくましく　かしこく　さわやかに　個の確立と公の発展を目指す子の育成」（さいたま市立高砂小学校）などがその一例です。

(2) 学校の教育目標と法教育

さて，この各学校が掲げる学校の教育目標と法教育とが，いったいどのような関係にあるのでしょうか。

それを考える上で，まず，日本の法教育が目指すものは何かを確認しておくことが必要です。

法教育の目的は，「個人の尊厳や法の支配などの憲法及び法の基本原理を十分に理解させ，自律的かつ責任ある主体として，自由で公正な社会の運営に参加するために必要な資質や能力を養い，また，法が日常生活において身近なものであることを理解させ，日常生活においても十分な法意識を持って行動し，法を主体的に利用できる力を養う」（「はじめての法教育」12頁 2005年　法教育研究会）ことであるとされています。

つまり，立憲民主主義という社会のしくみの中で日々生活を営んでいる私たち国民が，その理念である「自由で公正な民主社会」の形成者となるために求められる法的な見方・考え方の基礎を子どもたちに養う。それが法教育の目指す姿なのです。

そのことを踏まえ，既に触れた学校の教育目標と法教育との関係を考えてみましょう。

学校の教育目標は，日本国憲法及び学校教育法に規定された教育の目的を踏まえて設定されるものであり，憲法の理念の実現を前提としたよりよい社会の形成者として必要な資質・能力の基礎を養うことを目指して設定されます。

一方，法教育も憲法が前提としている「自由で公正な民主社会」の形成者となるための資質・能力の基礎を養うことを究極のねらいとしています。

このように，両者が目指すものは憲法に基づく民主社会の形成者に求められる資質・能力の基礎を養うことであり，その意味において両者は極めて近い関係にあるのです。

つまり，法教育に力を入れていくことは，各学校の教育目標の実現に大きく寄与するものであると言えます。

2．教育課程への位置付け方

(1) 小学校の法教育が目指すもの

各学校が法教育を進めていく際，特別な時間枠を設定する必要があるのでしょうか。

答えは「NO！」です。

各教科，道徳，特別活動，総合的な学習の時間など日々の授業に位置付けて行っていきます。

それはなぜかと言えば，学校の時間割に位置付けられた各教科等と法教育のどちらの学習もその究極のねらいは，憲法に基づく民主社会の形成者に求められる資質・能力の基礎を養うことにあるからです。

両者の関連が深い教育内容を扱う際に，法教育の視点を盛り込んだ指導計画を作成し，授業実践に臨むようにするのです。

それでは，法教育が大切にしている教育内容とは，具体的に，どのような資質・能力なのか。それらと関連が深いのは，どの教科等のどのような教育内容なのか。そのことについて検討を加えていきたいと思います。

小学校における法教育では，憲法に基づく「自由で公正な民主社会」の形成者となるために求められる法的な見方・考え方の基礎を子どもたちに養うことを目指します。それは，既に触れたとおりです。

それでは，自由で公正な民主社会とは，どのような社会でしょうか。それは……
「様々な考え方を持ち，多様な生き方を求める人々が，お互いの存在を承認し，多様な考え方や生き方を尊重しながら，共に協力して生きていくことのできる社会」（「はじめての法教育」11頁 2005年　法教育研究会）であると説明されています。

そうした社会の形成者に求められる法的な見方・考え方の基礎とは，具体的に，どのような資質・能力なのでしょうか。

小学校において，それは……
○他者の生き方を尊重しつつ自分らしく生きることができる共生社会をつくり，それを維持するために法やきまりが大切な役割を果たしていること，すなわち，法によって自らの権利や自由が守られていると同時に，他者の権利や自由を尊重するために法を守らなければならないという相互尊重のルールである法の大切さを体験的に理解している。
○共生社会を支えている法や司法制度の根幹にある，正義，公平・公正などの価値を体験的に理解している。
○法やきまりの大切さ，その基礎となる正義，公平・公正などの価値について体得したことを日常生活の中で活かすことによって，自分たちの問題を自分たちで発見し，自分たちで話し合って解決していく力を身に付けている。その際，自分と異なる見解にも耳を傾け，公正に判断したり合意形成したりする力も身に付けている。

などであると考えられます。

そのことを踏まえ，法教育と関連の深いのは，どの教科等のどのような教育内容なのかを考えていきたいと思います。

（2）社会科における法教育

最初に思いつくのは社会科です。小学校では「法やきまり」（第3・4学年），「日本国憲法の基本的な考え方」（第6学年）などを学習することになっているからです。その詳しい内容は，次の通りです。

○「廃棄物の処理」にかかわって，ごみの出し方や生活排水の処理，資源の再利用などに関する法やきまりを取り上げるなど，地域の人々の健康な生活や良好な生活環境の維持と向上を図るための法やきまりを扱う。（第3・4学年）
○「事故の防止」にかかわって，登下校のきまりや交通事故の防止などに関する法やきまりを取り上げるなど，地域の人々の安全な生活の維持と向上を図るための法やきまりを扱う。（第3・4学年）
○日本国憲法は，国家の理想，天皇の地位，国民としての権利及び義務など国家や国民生活の基本を定めていることを調べ，現在の我が国の民主政治は日本国憲法の基本的な考え方に基づいていることを考える。（第6学年）
○「国民の司法参加」については，国民が裁判に参加する裁判員制度を取り上げ，法律に基づいて行われる裁判と国民とのかかわりについて関心をもつ。（第6学年）

　このように，社会科では地域や日本の社会のしくみや働きを理解させることが主なねらいであり，そのことと関連付けて，法やきまり，憲法の役割などを事例に即して学んでいきます。こうした社会科の学習だけでは，法的な見方・考え方の基礎を養うことはできません。

(3) 特別活動，道徳，総合的な学習における法教育

　前述したように，小学校では法やきまりの大切さ，正義，公平・公正などの価値を体験的に身に付けていくことが必要です。その絶好の学びの場となるのが特別活動と総合的な学習の時間，そして道徳です。
　特別活動では，実践的な集団活動を通して，集団（社会）の中で，自己（個性）を生かす資質や能力を養っていくことを究極のねらいとしています。多様な価値観，性格などをもつ子どもたちが，一緒に一つの目標を協同して追求する集団活動を通して，自己の役割や責任を果たす態度，多様な他者と互いの個性を認め合って協力する態度，規律を守る態度，人権を尊重する態度など，社会性の基礎を育てていくのです。
　特別活動の中でも，法教育と密接な関連をもつ活動が，学級活動と児童会活動です。両者は，子どもの自発的，自治的な活動を特質としているからです。
　これらの活動において，子どもたちは，集団（社会）の一員として学級や学校におけるよりよい生活づくりに参画し，諸問題を解決しようと知恵を出し合って活動します。生活上の諸問題を自分たちで見つけ出し，それを話し合いで解決していくのです。その過程で，自分の考えを他者に伝え意見の異なる人を説得したり，他者の考えに傾聴しそれを受け入れたりして折り合いをつけながら集団としての意見をまとめていきます。その諸問題の解決策の一つとして，自分たちできまりをつくり守るという活動を経験するのです。
　これらの実践的・体験的な集団活動を通して，規範意識を確立したり民主主義における法やきまりの意義を体得したりすることが期待できます。
　道徳では，学校の教育活動全体を通じて行う道徳教育の要として，道徳的諸価値についての理解を基に，道徳的な判断力，心情，実践意欲と態度を育てていきます。

道徳で扱う諸価値の多くが、憲法に基づく「自由で公正な民主社会」の形成者に必要不可欠なものであることは自明の理です。これらのうち、法教育と密接な関連をもつものが、「善悪の判断、自律、自由と責任」「正直、誠実」「相互理解、寛容」「規則の尊重」「公正、公平、正義」などの価値です。

総合的な学習の時間では、実社会や実生活の中から問いを見いだし、自分で課題を立て、それを探究的かつ主体的・協働的に取り組む過程で、問題解決力などの資質・能力を育て、積極的に社会に参画しようとする態度を養っていきます。

総合的な学習の時間における探究課題は各学校が設定するものであり、法的な見方・考え方の基礎を養う上で効果的な課題を設けていくなど、各学校の創意工夫で様々な関連を図ることが可能となります。

(4) その他の教科と法教育

社会科、特別活動、道徳、総合的な学習の時間の他にも法教育と関連のある教科があります。体育、国語などです。

体育では、各学年の目標及び内容において、きまりや約束、ルールを守り、誰とでも安全に仲よく運動する態度を養うことを求めています。「順番やきまりを守り誰とでも仲よく運動をしたり、場や器械・器具の安全に気を付けたりすること（第1・2学年　器械・器具を使っての運動遊び）」「ルールを守り助け合って運動をしたり、勝敗を受け入れたり、仲間の考えや取組を認めたり、場や用具の安全に気を配ったりすること（第5・6学年　ボール運動）」などがその一例です。

遊びや勝敗を競う運動において、きまりや約束、ルールは絶対に必要です。子どもの安全の確保はもとより、ルールがなければ遊びやゲームは成立しません。ルールを破るとそのときは自分に有利になるかもしれませんが、みんなが破ると遊びやゲームは成り立たなくなってしまうのです。そのことを体験的に学ぶことにより、法やきまりの意義を理解する素地を養うことができます。

国語科では、言語力の育成を図ることが法教育に直結します。法による支配の根底には、暴力を排除し、言葉で互いの意見を表明し、説得・納得し合うという前提があるからです。言葉によって互いの見解を伝え合い、対立した考えに折り合いをつけ合意へと導くのは言葉の力です。言語やそれを媒介としたコミュニケーション力を育てることを通して、自由で公正な社会の担い手としての素地を培っていくことが、法教育における国語科の重要な役割なのです。

(5) 法教育の全体計画と各教科等の年間指導計画

法教育の授業は、前述した通り、複数の教科や道徳、特別活動、総合的な学習の時間など教科横断的に展開されます。その指導の効果を高めるためには、法教育の全体計画を作成することが必要です。

この法教育の全体計画の作成に当たっては、まず、学校の教育目標を実現していく上でどの

ような基本方針を設けてどこに重点を置くのかなど，自校の法教育が目指す方向性を明らかにします。

その上で，それぞれの教科や道徳，特別活動，総合的な学習の時間のどのような教育内容と関連付け，法教育のどのような内容を扱っていくのかなど，自校が編成する教育課程への位置付け方を明らかにします。さらに，外部指導者の招聘，教材や主な学習活動など，授業を行う上での配慮事項などを明らかにしていくのです。

次に，ここで作成した全体計画を活用して，各教科等の年間指導計画を見直し，その改善を図ります。法教育の視点や主な教育内容などを各教科等の教育内容と関連付けて年間指導計画に明示しておくのです。

こうした法教育の全体計画の作成とそれに基づく各教科等の年間指導計画の見直し・改善を通して，学校全体で組織的かつ意図的・計画的に法教育を推進していくことが大切です。

3. 実践上の課題と今後の展望

小学校における法教育が，各学校の教育目標を実現する上で極めて重要であることは，既に述べました。

しかし，現実には，法教育を教育課程に位置付けて実践している学校は決して多くはありません。法教育が現場で市民権を得て，活発に行われるようになるためには，打ち破らなければならない壁や解決しなければならない数多くの課題を抱えているのです。

最大の壁は，教員，とりわけ校長先生などの管理職や教育委員会の指導的立場にある方々に法教育の意義や重要性が認識されていないことであると私は考えています。

今，学校現場が心血を注いで取り組んでいる最重要課題は，子どもの学力を向上させることです。基礎学力の向上を旗頭に挙げて，算数と国語にばかり目が奪われていると言っても過言ではありません。でも，それで，本当に大丈夫なのでしょうか。

子どもたちの未来を考えると，私の答えは「否」です。それはなぜかと言えば，義務教育の果たすべき役割・責任は個の確立と公の伸長を両輪とした人格形成にあるからです。この教育基本法が掲げる教育の目的は不易です。

教育基本法改正のポイントは「公共性の育成」を一層重視することでした。その方向を受け，現行の学習指導要領では，関係の教科等において，「よりよい社会の形成に参画する資質や能力の基礎を養う」ことを重視することなどの改善が加えられました。

次期学習指導要領においてもこの方針は堅持されています。加えて，この度の学習指導要領の改訂に当たっては，選挙権が18歳に引き下げられたことへの対応が求められ，法教育とも密接な関わりをもつ主権者教育の必要性が高まっているのです。

この教育改革の動向を受け，法教育は益々重要視されるべきであると私は考えています。

そうした明るい展望の上に立ち，まずは読者の先生方が，本書で提案する教材を活用して，法教育の授業実践にチャレンジしてほしいと願っています。

この教材集の構成について

1. 法教育の目的～自分たちの課題を自分たちで解決する資質を育むこと～

　私たちの国の中で，法教育という言葉が広まり始めてから10数年が経ちますが，小学校の先生方には，まだ聞き慣れない言葉かもしれません。

　法教育という用語は，①法律専門家でない一般の人々が，②法や司法制度，これらの基礎になっている価値を理解し，③法的なものの考え方を身に付けるための教育，を指すのですが，結局どういうものなのか，具体的なイメージがわきにくいと思います。また，こういう学習は，中学校や高等学校でやることで，小学校での学習には不必要だと思われるかもしれません。「法や司法制度の基礎になっている価値」や「法的なものの考え方」は法律専門家しか身に付けていないものであって，専門家でもない一般の人々に，そもそも法教育など必要ないのではないかと思われる方もおいでになるでしょう。

　しかし，そんなことはありません。なぜなら，「法的なものの考え方」を身に付けることは，私たちが，社会生活で出合ういろいろな課題を，自分で解決する力を身に付けることにつながるからです。例えば，小学校では，席替えや係の決め方などで子どもたちから不満が出たり，もめたりすることもあろうかと思います。そのとき，先生が，上から決めてしまえば簡単かもしれません。しかし，これを子どもたちが自分の力で解決することができれば，子どもたちにとって，大きな自信になるでしょうし，今後も自分たちの力で解決しようとするでしょう。

　このように何か課題が発生したとき，自分たちの力で解決するために何が必要か，どのように行動すべきか，そして，その行動の指針となる基礎的な考え方を学ぶことが，小学校段階における法教育と考えていただければよいのではないかと思います。

2. 法教育によって，子どもがどう成長するか

　では，法教育の授業を受けた子どもたちの何が変わるのか，どのような成長を見せるのか，イメージしにくいかもしれません。そこで，一つ例を挙げましょう。

　道徳の時間に「公平」という法的な価値を扱う授業を行ったある学級では，その際に，子どもたちの中から「早く給食を食べ終わった子だけがデザートの『お代わり』をして，食べるのが遅い子は『お代わり』をする前にデザートがなくなってしまう。これは不公平ではないか」という声が上がったそうです。そして，公平なデザートの「お代わり」の仕方を，自分たちで話し合って決めたということがあったそうです。

　このような発想は，メンバーの多様性を尊重し，皆で共に生きていこうという法の基本的な

考え方がベースになっています。また，「公平」という抽象的な概念を日常生活の場面で具体的に使えるようになりました。さらには，子どもの側からこのような声が上がり，子どもたち全員が，理性的に話し合ってルールを決めるに至ったという点からは，自分たちの問題を自分たちで解決しようという子どもたちの強い意欲を感じます（なお，ここでの子どもたちは，日本国憲法に定められている「個人の尊重」とか，「平等権」といった概念を知っているわけではありません。法教育の授業を受けることにより，身をもって，それが大切だということを体験し，実践できるようになったということなのです）。

これ以外にも，学級内の身近な問題を用いて特別活動や道徳の時間に「法教育」の授業に取り組んだ経験がある教員も数多くおいでになりますが，ほぼ例外なく，「子どもたちが自分たちで学級の課題を発見して自分たちで解決できるようになった」という声を聞きます。それこそが，私たちが，小学校段階においても，法教育の授業を広めていきたい理由です。そして私たちは，それを通じて，日々，クラス運営に頭を悩ませておられる小学校の先生方の力になれるのではないかと思っています。

3. 法教育をどのように学べばよい？～本書の考え方と構成について～

それでは，それらを，どうやって子どもたちが学べばよいのでしょうか？

小学校の先生方とお話をすると，法教育の考え方や目的には，ほとんどの先生方から賛同をいただくことができます。しかし，それを子どもたちにどう学んでもらうのか，どのように指導したらよいのか，その点の悩みは尽きないようです。特に，自分たちの問題を自分たちで解決するための資質や能力は，教科書に書いてあることを覚えてもらうような授業では，身に付けることができません。また，その基礎にある「正義」や「公平」といった法の価値は，かなり抽象的な概念で，先生方自身がその理解に不安を感じられていますし，さらにそれを小学生の子どもたちに実感をもって理解させることのハードルは高いとの声も聞きます。

そこで，その悩みに答えるために，今回刊行したのが，この本，「小学校のための法教育12教材～一人ひとりを大切にする子どもを育む～」です。この教材では，概念的にはやや難しい12のテーマを，無理なく自然に身に付けることができるよう，できる限り工夫しました。

それでは，この教材の内容についてご紹介しましょう。

(1) 本書の考え方

本書は，法教育の先進国であるアメリカにおいて，子どもたちが「法教育」を通じて身に付けるべきとされているテーマごとに教材を配置しています。

アメリカで法教育のカリキュラムを開発・提供している団体は複数ありますが，それらの団体は共通して，法教育の目的を「民主的な社会を担い得る効果的で責任ある市民」あるいは「理想的な市民」の育成に置いています。そして，そのような「市民」は，政策決定への参加能力と理性的な紛争解決能力を身に付けていなければならないことを強調しています。もちろ

ん，政策決定への参加とは，ただ選挙権を行使するということではなくて，政策の善し悪しを判断できるということですし，理性的な紛争解決とは，ただ仲直りするということではなくて，正義にかなう公平・公正な解決は何かを判断できるということです。そのためには，正義・公平・公正といった法が実現を目指す価値（法的な価値）を理解し，それらの知識や理解に照らしてものごとを考え，さらには意見の異なる他者と理性的に議論したり交渉したりする技能が必要ですから，この教材集は，このような知識や技能を育むために作られています。

(2) 紛争の理性的な解決能力を育むために

　まず，第1単元から第4単元では，法的な価値を踏まえて紛争を理性的に解決する資質や能力を育みます。ここでは，歴史的にみて重要な法的価値が二つあります。一つは個人の自律（自分自身のことや自分と他者の関係を自分で決められること）であり，もう一つは自他の尊重（自分についても他者についても生命・身体・人格などの重要な権利を互いに尊重し合うべきこと）です。

　個人の自律は，一方では「自分のことについて第三者から干渉されない」という自由を意味しますが，他方では自分の判断結果に対しては自分が責任を負うべきことを意味します。したがって，一方的に不利な立場を軽率に受け入れたり，そうした立場を他者に押しつけたりせず，双方にメリットがある合意を形成していくことが重要であり，そのために必要な知識と技能を第1単元で扱います。

　また，このことの裏返しとして，自由な意思決定をする前提が欠けているとき（重要な前提情報が隠されているときなど）には，例外的に自分の意思決定の結果に拘束されなくてもすむことがあり，第2単元では，このような個人の自律原則に対する例外を扱います。

　もう一つの重要な法的価値である「自他の尊重」については，他者の生命・身体・人格・財産などを傷つけてしまった場合の責任が問題になります。もっとも，事情を問わず全ての結果について責任を負わせられるようでは萎縮してしまい，結局，自由な行動（個人の自律）が制約されてしまいます。そこで，自分の行動を決めるときの判断が軽率であったときにだけ責任を問われるという考え方が現在は採られており（過失責任の原則），このことを第3単元で扱います。

　最後に第4単元では，第1単元から第3単元までで学んだ知識を活用して紛争を実際に解決するトレーニングを行います。

(3) 政策決定への参加能力を育むために

　次いで第5単元から第12単元では，法的な価値を踏まえて政策決定に参加できる資質・能力を育みます。ここでも，歴史的にみて重要な法的価値が二つあります。それは，民主主義と立憲主義です。民主主義は，「個人の自律」の原則を「あなたと私」の人間関係から「私たちみんな」の人間関係へと広げたもの，つまり，「私たちみんなに関係することは私たちがみんなで決める」という考え方です。とは言っても，多数の集団では全員が集まって細かなものご

とをいちいち決めていく（直接民主政）わけにもいきませんから，まずは「私たちみんなに関係することを決める人＝代表者」を選んで，代表者が「みんなのために」「みんなに関係すること」を決めることになります（間接民主政）。このような代表者の地位を「権威」と言いますが，権威の地位にある代表者の判断結果は「きまり・ルール」として「みんな」を拘束しますから，すぐれた判断能力をもち，その能力をみんなのために使おうとする適切な代表者を選んで「権威」を活用するだけでなく，代表者が権威の地位を濫用しないように監視することも重要です。第5単元と第6単元では，権威を活用することの利点と権威の地位が濫用されたときの危険を扱います。この二つの単元は，言葉にしてしまうとわかりにくいのですが，教材では，「権威」を子どもたちが無理なく感じ取ることができるよう工夫しました。

　また，第7単元では，権威の地位にある者の判断結果が「きまり・ルール」として「みんな」を拘束するときに，その「きまり・ルール」が一般的に備えていなければならない最低限の条件を学んだうえで，実際に「きまり・ルール」を作ってみるトレーニングを行います（このことは，「きまり・ルール」の善し悪しを判別する能力を育むことにもなるでしょう）。

　ここまで民主主義の基本を学んだうえで，第8単元では立憲主義の基本を扱います。立憲主義とは，「自他の尊重」の原理を「私たちみんな」が「権威の地位にある者」に押しつける考え方であり，押しつける手段として「私たちみんな」が決めておく「きまり・ルール」のことを憲法と言います。そのため，近代社会における憲法とは，「私たちみんな」で決めさえすればどんな内容のものでもよいというわけではなくて，「私たちみんな」が等しく尊重されることを保障するような内容のものでなければなりません。この「みんなが等しく尊重される」ことが，正義や公平・公正といった法的な価値です。

　正義や公平・公正といった法的な価値の中には，以下の三つの価値があると言われています。「私たちみんな」で公平に利益や負担を分けあおうとする配分的正義（公平あるいは結果の公正）という価値（第9単元），他人を尊重せず傷付けた者に対する適切なペナルティを「私たちみんな」が与えることによって全員が等しく尊重されることを目指す匡正的正義という価値（第10単元），「私たちみんな」にとって何がよいかを十分な情報にもとづいて理性的かつ慎重に判断しようとする手続的正義（手続の公正）という価値（第11単元）です。それらを，一つずつ，子どもたちに身に付けてもらいたいと思います。

　そして，最後に，これらの価値を理解したうえで，最後の第12単元では，これらの知識・理解の活用として，三角ロジックという議論の技法を用いて「理性的かつ慎重な議論」のトレーニングを行います。一つの事実でも，論拠が違えば，異なる結論が導かれることになるわけで，論拠を指摘することの重要性を学び，体験してもらいたいと思います。

小学校のための

法教育教材

No.1 ☑中学年〜高学年 ☑総合学習・特別活動

約束をする・約束を守る

―カードゲームを通じて，約束をする際の交渉の重要性を理解させる―

1. 授業の目標

1. 身の回りに「約束をする場面」や「約束を守らなければならない場面」が数多く存在することに気付く。
2. 約束は自由にできること，すなわち，約束をするのも自由であり，約束をしないこともできるが，自分の考え・判断でいったん約束をした以上は，その約束を守らなければならないことを理解する。
3. いったんした約束は守らなければならないことから，守ることができないような約束はしないこと，約束をする場合には，相手の言うがままではなく，自分からも条件をつけるといった交渉をすることができることを理解する。

2. 授業の構成

■ 第1時
約束ごとのうち「頼みごと」を例に挙げ，頼みごとをする場面が身近にたくさんあることを発見し，頼みごとを巡るトラブルを元にして，約束をすることもしないことも自由であること，いったん約束をしたら，その約束を守らなければならないことを理解する。

■ 第2時
カードゲームを通じて，前時で学習したことの理解を深めるとともに，約束をする際の交渉の重要性を理解する。

3. 授業の解説

(1) 身の回りは契約で囲まれていること

「契約」というと，少し難しくて，法律の専門家が扱う領域であるかのようなイメージがあるかもしれません。しかし，実は，学校生活をはじめ，私たちの身の回りは，たくさんの「契約」で囲まれているのです。

例えば，コンビニエンスストアで何かを買えば売買契約，電車やバスで通勤・通学するのは

運送契約，働くことは雇用契約，水道・ガス・電気はそれぞれの契約にもとづいて供給されています。電話もそうです。児童・生徒が学校に通うのは在学契約です。家族関係を見ても，婚姻は身分契約の一つです。

　このように，私たちの生活というのは，契約なしでは考えられません。

⑵ 現代社会における「契約」の意義〜「私的自治の原則」・「契約自由の原則」

　現代社会において，個人はそれぞれ自由・平等であるとされていますが，そのような個人を拘束し，権利義務関係をなり立たせるものは，個々人の意思であるとする考え方です（この考え方を「私的自治の原則」と言います）。また，この「私的自治の原則」から，契約を結ぶか結ばないか，契約を結ぶとして，契約の内容や形式をどうするかは当事者の自由であるという「契約自由の原則」も導き出されます。

　このような「私的自治の原則」・「契約自由の原則」からすれば，契約を結ぶか結ばないか，契約を結ぶとして，契約の内容や形式をどうするかは，当事者の自由な意思に委ねられている反面，当事者が自由意思で契約を結んだ以上，その契約は守らなければならないのが原則です。

　そこで，契約をすれば，どのようなことを守らなければいけないのか，結ぼうとしている契約が自分にとって守ることができる内容なのか，守ってもよい内容なのかなど，事前によく考えるスキルを身に付けることが大切です。

⑶ 個人の領域を形成する契約を理解することが重要であること

　自立した個人として社会生活を営んでいくために，個人は周囲との関係を形成していくことが必要になりますし，また，そうすることで，人生をより豊かにすることもできるでしょう。そして，他者との関係は契約により形成していくことになりますので，契約を理解していくことは現代人にとってとても大切なことだと言えます。

⑷「契約自由の原則」に対する修正

　もっとも，完全に個人の自由に委ねると，様々な弊害が生じることが認識されるようになりました。例えば，社会的強者と弱者では本当の意味での対等な契約を締結することはできず，貧富の格差が拡大するなどの不都合が生じるため，「契約自由の原則」を修正する必要が生じる場合があります。例えば，雇用契約において労働者側を保護するようになっていますし，消費者は生産者に対して弱い立場であるため消費者契約法などによって守られています。このように現代社会においては，「契約自由の原則」を前提としながらも，個別的に修正していくというアプローチが取られています。

　ただし，これらはあくまで契約の自由の原則に対する修正であることに留意しなければなりません。まず，自分自身が責任をもって守ることができない内容の契約はしないことが，肝要なのです。

(5) 授業のねらい

　契約は現代において基本的な生活スキルの一つですが、これまでの学校教育では、消費者問題といった例外的な場面が取り上げられ、契約は守るのが原則であるということがきちんと教えられることが少なかったように思います。

　今回の授業は、小学校高学年でも理解できる「約束」を考えてみるという方法をとっています。小学生でも、「約束」を通して周囲との関係を形成していること、そして、「約束」をする前に、きちんと守ることができる約束なのか、よく考える重要性を理解してもらうことをねらいとしています。

(6) 児童のみなさんに学んでほしいこと

　「約束を守る」ことは、社会生活の中では当たり前のことです。では、なぜ、約束は守らなければならないのでしょうか。

　「約束を守る」という前提として、当然、「約束をする」場面があります。

　「約束をする」場面では、相手からの提案を受け入れる（約束をする）のも自由ですし、相手からの提案に納得ができなければ、約束をしないこともできます。また、対案を提示して、相手からの提案とは異なる約束をすることもできます。このように、お互いが納得して約束をするからこそ、その約束を守らなければならないのです。

　しかし、一方で、約束をしても、相手がその約束を守ってくれなかったためにトラブルになることもあります。

　学校でも、学校を離れた社会でも、約束をするという場面・約束を守るという場面は日常的にありますし、それらは、社会生活を送る上で避けて通ることはできません。場合によっては、約束ごとを巡ってトラブルに巻き込まれることもあるでしょう。

　そこで、この「約束をする・約束を守る」という単元では、第1時限目に、身近な約束ごとの中でも、「頼みごと」という場面を例に、子どもたちの身の回りに頼みごと（友達や親兄弟に何かを頼む、あるいは頼まれる）が多くあることを理解してもらいます。そのうえで、その頼みごとを巡るトラブルについて実体験を挙げさせることで、まず頼みごと（約束）が身近なものであることを気付かせます。そして、約束の自由、約束を守らないとどうなるのか、約束を守るためにはどうしたらよいのかを考えさせ、「約束をする・約束を守る」ことの大切さを、子どもたちに理解してもらいたいと思います。

　第2時限目には、カードゲームを通じて、約束をする前の交渉過程を疑似体験させ、「約束をする・約束を守る」ことの大切さについて、理解をより深めてもらいます。これを通じて、身近な約束が社会での契約につながっていくこと、そして契約をする際には、お互いが納得して契約できるように、事前にいろいろと交渉することの重要性にも気付いてもらいたいと思います。

第1時

約束をすること，守ることについて考えよう
―頼みごとを通して―

1. 本時の目標

1. 約束ごとの中でも「頼みごと」を例に挙げ，約束についての関心を高める。
2. 頼みごとを巡るトラブルをもとに，「約束をすること」，「約束を守ること」について考えさせる。

段階	学習活動	指導上の留意点
導入 【5分】	○「頼みごとをすることと，頼みごとを巡るトラブル」について理解する。 ○頼みごとをすることはよくあること，また，頼みごとを巡りトラブルがあることに気付く。	★児童から，ものごとを頼んだり，頼まれたりしたことがあるか，それがどんなことか，それによってどんなトラブルが発生しているか，順番に質問し，自由に発言させる（※1）。 ★身近に頼みごとをするような場合が多くあること，それによって，トラブルが起こる場合があることを児童に実感させることができれば，質問の形式は問わない。そのうえで，トラブルが起こらないようにするためには，何が大事なのかを一緒に考える……という流れをつくりたい。
展開（1） 【15分】	【ワークシート①②を配布】 ○「約束をすること」について理解する。約束（契約）をするか否か，また内容は当事者が自由に決めることができること（約束の自由）を理解する。 ○事例1（できごと・その1）から，頼む側，頼まれる側の問題点を整理し，「約束をすること」について考える。 ○「約束をすること」について知る。	★事例1について，児童と意見交換をすることで理解を深めさせる。 ★頼む側，頼まれる側の双方の問題点を児童から出させて，そこから約束の自由な考え方をつかませる。A君が悪かったという意見が多数になると思われるが，そこにとどまることなく，双方の問題点を引き出す（以下，T＝教師，S＝児童）。 （例）T：「事例1では，誰のどんなところがいけなかったのか？」 　　　S：「A君が，給食当番を代わらなかった。」「B君が，無理やり頼んだ。」「A君の態度がはっきりしていなかった。はっきり断ればよかった。」「B君も，A君によく確認しなかった。」 ★A君が「いやだから代わりたくない」と，言ってよいことに触れる。 （例）T：「事例1の場合，どうすればトラブルにならなかったのだろうか。」

			S：「約束をはっきりとすることが大切である。」「約束の内容をはっきりさせておく。」「いやだったら約束はしない。」
展開（2） 【20分】		○自由に行った約束は，守る責任があることを理解する。 ○事例2（できごと・その2）の問題点から，「約束を守ること」について考える。	★事例2について児童と意見交換をすることで理解を深めさせる。 ★事例2の問題点から約束を守る責任の考え方をつかませる。約束をし直すという方法もあることに気付かせる。 （例）T：「事例2の場合，A君はカードを渡すべきか，それとも渡さなくてもよいのだろうか？」 　　　S：「約束したのだから渡すべきだと思う。」「A君は，カードを1枚しか持っていないから，給食当番を代わってあげるのでもよいと思う。」
		○「約束を守ること」について知る。	★自由に行った約束である以上，それを守る必要性について触れる（余裕があれば，約束は「契約」だということにも触れたい）。
まとめ 【5分】		○今後，人と約束をするときに何を心がけるべきか，自分の考えをまとめる。	★トラブルになったときにはどうしたらよいかについて，状況に応じて教師から話す。

※1　時間的に制約がある場合は，アンケート調査などを行い，その結果を配布したうえで，結果について児童と議論してもよい。

2. 第1時・ワークシート①

でききごと・その1

ある日の朝，学校で，B君がA君と話しています。

B君 「あした，ぼく，給食当番なんだけど，代わってくれないか。」
A君 「え～，いやだよ，めんどうくさい。」
B君 「4時間目の理科の実験がおもしろそうだから，時間いっぱいまで実験してみたいんだよ。A君はあんまり興味(きょうみ)ないからさっさと実験終わるだろ。」
A君 「それはそうだけどさ。」
B君 「今度A君が当番のときは代わるからさ。」
A君 「……。しょうがないなあ。」
B君 「たのんだよ。」（B君，走り去る。）
A君 「あっ，ちょっと！」

次の日の昼休み

B君 「A君！ さっき給食当番代わってくれなかったんだって？」
A君 「だって，ぼく，『給食当番代わる』とは言わなかったじゃないか。」
B君 「だって『しょうがないなあ』って言っただろう！」
A君 「B君はしょうがないやつだなあって言ったんだよ！」
B君 「なんだよそれ！ ぼく，先生におこられたんだぞ。」
A君 「そんなの知らないよ。」

できごと・その2

ある日の朝，学校で，B君がA君と話しています。

B君 「今日，ぼく，給食当番なんだけど，代わってくれないか。」
A君 「え～，いやだよ，めんどうくさい。」
B君 「たのむよ。A君が持ってない遊児王(ゆうじおう)カードあげるからさ。」
A君 「よし，じゃあ，代わろう。」
B君 「カードは今日の放課後に家に帰ってから，A君の家に持っていくね。」
A君 「うん。約束だよ。」

その日の放課後，A君の家で

B君 「A君，今日はありがとうね。」
A君 「うん，ところで遊児王(ゆうじおう)カード持ってきてくれた。」
B君 「持ってきたんだけどさ。このカード，2枚(まい)持ってると思ったら1枚(まい)しか持ってなかったんだよ。だから，あげられないんだ。」
A君 「え～。でも，くれるっていうから，給食当番代わったじゃないか。」
B君 「来週のA君の給食当番，代わるからさ。」
A君 「そんなんじゃ，だめだよ。」

3. 第1時・ワークシート②

「約束をすること，守ること」

名前（　　　　　　　　　　）

1　できごと・その1 から考えてみましょう。

たのむ側（B君）の よくないところ	たのまれる側（A君）の よくないところ

2　どうすればトラブルにならなかったのでしょうか？

3　できごと・その2 から考えてみましょう。

・B君は，遊児王(ゆうじおう)カードを
　　　｛　あげたほうがよい　・　あげなくてよい　｝と思う。

・それは，なぜですか？

4　約束をするとき，これから気を付けたいことを書きましょう。

第**2**時

カードゲームで契約交渉をしよう

1. 本時の目標

1. カードゲームを通じて、合意形成の過程を体験する。
2. 自分たちが体験したゲームの結果が、実社会においては契約に他ならないことに気付く。
3. 自分たちが体験したゲームの過程が、実社会においては交渉過程に他ならないことに気付く。

段階	学習活動	指導上の留意点
導入 【10分】	○前時に学習した、約束をするときに心がけるべきことを問いかけ、記憶を喚起する。 ○カードゲームへの導入 【ワークシート①を配布】 【各班に、メインカード3枚、お助けカード5枚を配布】	★①約束をするのは自由だし、約束をしないこともできること、②約束をした以上は、その約束を守らなければならないこと、③守ることができないような約束はしてはいけないことを再確認する。 ★T:「今日は、皆さんにカードゲームをしてもらおうと思います。」 ★ゲームのルールとカードの内容を説明する。 　T:「チョコレートを手に入れるために、旅の商人にどのカードを使って話をするか、各班で考えてみてください。」 ★班の結論や理由を発言する代表者一人を決めてもらう。
展開（1） 【5分】	○児童による討論	★班ごとに討論させ、選択するカードが決まったら提出させる。そのうえで、提出させたカードを、班ごとに、黒板等に貼る。
展開（2） 【25分】	○班ごとに選択したカードを発表してもらう。 ○約束や交渉についての理解を深める。カードごとに、質疑、応答、コメントを繰り返す。	★T:「1班さんは、どのカードを使うことにしましたか。」 　S:「○○カードと□□カードです。」 　T:「2班さんは……」という流れで進める。 ★約束をすること、しないことは自由であることに触れる。約束をしたことの効果を説明する。使用されなかったカードについても児童に意見を聞いてみるとよい。 （具体的な展開例については、別紙【授業イメージ】「Ⅱ　展開（2）の例」を参照。）
まとめ 【5分】	○まとめの一言	★（教師からのまとめの一言の例） 「皆さんは、今日、旅の商人からチョコレートをもらうという約束をするために、いろいろなことを考えたと思います。そして、いろいろと考えた結果、自分たちで選んだ約束なのだから、それは守らなければならないということがよく

			分かったと思います。 　これから，いろいろな場面で約束をすることがあると思いますが，そのときはよく考えて約束するようにしましょう。」 ★まとめの一言の部分は，児童に感想を発表させてもよい。 ※発展課題として，児童に自由にお助けカードを作成させてみるのも一案（ワークシート②（末尾添付））。トラブルになったときにはどうしたらよいかについて，状況に応じて教師から話す。

※ゲームについての詳細は，【授業イメージ】の頁（29頁～）を参照してください。

2. 第2時・ワークシート①

> ある日，旅の商人が，ハイパースペシャルミラクルプレミアムチョコレートを持って〇〇小学校をおとずれました。
>
> ハイパースペシャルミラクルプレミアムチョコレートは日本ではなかなか売っておらず，たまに売り出されてもすぐに売り切れてしまう人気商品です。
>
> 食べたことのある人の口コミによると，ものすごくおいしいチョコレートだということなので，みんなは，ぜひハイパースペシャルミラクルプレミアムチョコレートを食べてみたいと思っています。
>
> 旅の商人によると，ふだんは，一つぶ1000円ではん売しており，1グループに一つしかはん売できず，一つぶのチョコレートを割ってはん売することもできないそうです。
>
> 配られたカードを使って，旅の商人から，ハイパースペシャルミラクルプレミアムチョコレートを手に入れてください。

ルール
① メインカードは，必ず1枚を出す（1枚しか使うことはできない）。
② お助けカードは，1枚まで出すことができる。出さなくてもよい。

1. あなたの班では，どのカードを出すことになりましたか。
   ① メインカード　（　　　　　　　　　）カード
   ② お助けカード　（　　　　　　　　　）カードを出す　・　何も出さない

2. 1のカードを出すことになったのは，なぜですか。

3. 他のカードを使わなかったのは，なぜですか（時間があれば，考えてみましょう）。

1 配布するカード（例）

メインカード

500円カード

効果

500円のお金として使うことができる。

800円カード

効果

800円のお金として使うことができる。

2000円の商品券

効果

2000円分の買い物ができる。ただし，おつりはもらうことができない……。

お助けカード

なにわの商人カード

効果
こてこての関西弁で，値引きを
お願いする。
値引きしてもらえるかどうかは
半々だという。

賞味期限間近カード

効果
ハイパースペシャルミラクル
プレミアムチョコレートは，
賞味期限を過ぎると風味が
落ちてしまうらしいので，
定価で買うのはいやだなあ。

1か月後の500円カード

効果
今は手元にお金がないので，
1か月後まで500円の支はらいを
待ってもらうことができる。

お手伝いカード

効果
お金が足りない分，旅の商人の
仕事を1日手伝う。
うわさによると，旅の商人の
仕事は，とてもいそがしいという。

好きなアイドルと二人で遊園地カード

効果

足りないお金の分は，君の好きなアイドルと二人っきりで，1日，遊園地で遊ばせてあげるから……。

こわいお兄さんカード

効果

こわいお兄さんを味方につけることができる。
相手は，お兄さんにひるんで，簡単に，自分の物を安い値段で売ってしまうというが……。

別紙【授業イメージ】

Ⅱ　展開(2)の例

はじめに

1．本授業の目的

　本授業の目的は，カードゲームを通して，約束をするまでの過程を児童に擬似体験させることで，約束をすることもしないことも自由であるということや，いったんした約束は守らなければならないので，自らがその約束を守れるのかどうかを十分に考えたうえで約束をすることが重要であるということを，児童に理解させるところにあります。

　正しいカードの組み合わせを追求することや，単に金銭的な損得を学ばせることに目的があるわけではありませんので，授業の際には十分ご留意ください。

　以下では，先生方に本授業の目的に沿った授業をしていただくため，〈**各カードについてコメントする際のねらい**〉と，カードの組み合わせごとに児童に説明していただきたい事項をまとめた〈**展開例**〉を記載しています。

2．〈展開例〉について

　本授業は，例えば，「好きなアイドルと二人で遊園地カード」や「こわいお兄さんカード」を使用する班がない等，児童のカードの選択パターンが偏ってしまう可能性があります。

　そこで，このような場合であっても指導すべきポイントをすべて網羅できるように，カードの組み合わせごとに教師が話を進め，その流れの中で，①各班が実際に選択したカードの組み合わせについては，その組み合わせを選択した班を中心に適宜質問し，②どの班も選ばなかったカードについては，児童に選ばなかった理由を述べさせたり，もし選んでいたらどうかという仮定的な発問をしたりして考えさせる，という形の展開例を作成しました。

　自分だけではなく相手にも契約をするかしないかの自由がある（相手の立場に立ってものごとを考える）ことを意識させるため，他の班が選んだカード（またはどの班も選ばなかったカード）について，自分が商人の立場だったらどうするかを考えさせるやりとりも盛り込んでいます。

3．〈展開例〉の応用

(1)　この展開例は，あくまで一例にすぎません。すなわち，以下の展開例は，児童全員がカードを選択してチョコレートを購入する役となっており，旅の商人役は特に置かないという設定で構成していますが，例えば，①教師が旅の商人役を担当して，交換に応じるか否かについて一定の回答をし，その回答理由を児童に考えさせる構成や，②購入役を担当する班と旅の商人役を担当する班に振り分け，旅の商人を担当する班に，交換に応じるか否か及びその理由を発表させたうえで，その意見についてさらに児童たちに議論させるという構成も考えられます。

(2)　本教材のルール設定上，当初，メインカード3枚，お助けカード5枚を各班に配布するとしていますが，場合によっては，全てのお助けカードを各班に配布するのではなく，各班2

枚程度にする（例えば，あらかじめ2枚のカードを入れた封筒を児童に引かせる，くじ引きのような方法で児童に選択させる等）というルールにするのもよいでしょう。このようなルールにすると，選択するカードが偏ることが少なくなります。

(3) また，各カードの説明をするに当たり，児童に伝えるべき特に重要なポイントについては下線を付しましたので，例えば，授業時間が足りない場合には，児童が実際に使用したカードについてのみ重点的にやりとりをし，どの班も使用しなかったカードについては教師による下線部分の説明のみにとどめるという方法を取ることもできます（特に，「好きなアイドルと二人で遊園地カード」や「こわいお兄さんカード」は，契約自由の原則の修正的な位置付けになるものですから，使用する班がなかった場合には，下線部分のみに説明をとどめてもよいでしょう）。

(4) 先生方には，〈各カードについてコメントする際のねらい〉や〈展開例〉中の下線部分を参考に，創意工夫を凝らした授業をしていただければと思います。

〈各カードについてコメントする際のねらい〉
1 「好きなアイドルと二人で遊園地カード」，「こわいお兄さんカード」以外のカードについて
　・約束は，することもしないことも自由であるということを理解させる。
　・約束をする場合には，交渉をすることができることを理解させる。
　・自由な意思で約束した以上，その約束は守らなければならないということを理解させる。
2 「好きなアイドルと二人で遊園地カード」について
　・約束をすることは自由であるのが原則だが，例外もあるということを意識させる。
　・守ることができない約束は，してはいけないことを理解させる。
3 「こわいお兄さんカード」について
　・約束に拘束されるのは，あくまで自由な意思で約束した場合であることを意識させる。

〈展開例〉
● 「2000円の商品券カード」のみを使用した場合
　T：まず，「2000円の商品券カード」について考えてみましょう。
　T：「2000円の商品券カード」を選んだのは○班さんですね。○班さん，このカードを選んだのはなぜですか。
　S：2000円なら，必ずチョコレートを売ってもらえると思ったからです。
　T：○班さん以外の人は，もし自分が旅の商人だったら，交換に応じますか（挙手させる）。
　T：○○さん，交換に応じるのはなぜですか。
　S：1000円のものを2000円で売れれば得だからです。
　T：□□さん，交換に応じないのはなぜですか。
　S：1000円のものを2000円で売るのは，悪い気がするからです。
　T：○班さんは，「2000円の商品券カード」を使用しましたが，お釣りを貰うことはできま

せん。
○班さんは，500円カードや800円カードを使うこともできました。
それにもかかわらず，「2000円の商品券を使う，お釣りはもらえなくてもいい」と決めて旅の商人と約束をしました。
だから，お釣りをもらえないからといって，後から文句は言えません。

● 「500円カード（あるいは800円カード）」のみを使った場合
T：次に，「500円カード」と「800円カード」についてついて考えてみましょう。
T：500円カードだけ，800円カードだけを使った班はなかったですね（あるいは「○班さんですね」）。
では，みんなが，旅の商人だったらどうでしょう。
「500円カード」だけでチョコレートをあげてもよいと思う人（挙手させる）。
S：（おそらく挙手する児童はいないと思われる）。
T：「800円カード」だけでチョコレートをあげてもよいと思う人（挙手させる）。
S：（これも挙手する児童はいないと思われるが，挙手した児童がいれば，理由を発言させる）。
T：「500（800）円カード」とチョコレートを交換するということは，チョコレートを500（800）円で売るというのと同じことですね。これは社会では売買契約と言われるものです。
旅の商人は，1000円のチョコレートを500（800）円で売ってほしいと言われても，別に500（800）円で売る必要はありません。断ることができます。
それにもかかわらず，500（800）円で売ると約束した以上は，商人は，500（800）円しかもらえなくても，後から文句は言えません。

● 「500（800）円カード」と「なにわの商人カード」を使った場合
T：○班さんは，「500（800）円カード」と「なにわの商人カード」を選びましたね。このカードを使ったのはなぜですか。
S：お願いしたら，まけてもらえるかもしれないと思ったからです。
T：○班さん以外の人が旅の商人だったら，交換に応じますか（挙手させる）。
T：○○さん，応じないのはなぜですか。
S：……
T：□□さん，応じるのはなぜですか。
S：……
T：なにわの商人カードは，値段を安くしてもらうようお願いするものですが，これは，社会では値引き交渉と言われるものです。
○班さんは，旅の商人と値引き交渉をしたんですね。
旅の商人は，値引きをお願いされても，応じる必要はありません。断ることができます。
□□さんが言ってくれたように，500円に値引きすることはできないけど，800円でな

ら値引きしてもよい,と考えることも自由ですね。
　このように,旅の商人が値引きに応じるかどうか,いくらの値引きで応じるかは自由ですから,それにもかかわらず,値引き交渉に応じて500 (800) 円で売ると約束した以上は,商人は,500 (800) 円しかもらえなくても,後から文句は言えません。

● 「500 (800) 円カード」と「賞味期限間近カード」を使った場合
T：○班さんは,「500 (800) 円カード」と「賞味期限間近カード」を選びましたね。このカードを使ったのはなぜですか。
S：賞味期限が間近のチョコレートであれば,旅の商人は早く売ってしまいたいと考えると思うので,お願いしたらまけてもらえるかもしれないと思ったからです。
T：○班さん以外の人が旅の商人だったら,交換に応じますか(挙手させる)。
T：○○さん,応じないのはなぜですか。
S：……
T：□□さん,応じるのはなぜですか。
S：……
T：○班さんは,チョコレートの賞味期限が迫っていることを理由にして,値段を安くしてもらうようお願いしたんですね。これも,値引き交渉の一つです。
旅の商人は,値引きをお願いされても,応じる必要はありません。断ることができます。
□□さんが言ってくれたように,500円に値引きすることはできないけど,800円でなら値引きしてもよい,と考えることも自由ですね。
このように,旅の商人が値引きに応じるかどうか,いくらの値引きで応じるかは自由ですから,それにもかかわらず,値引き交渉に応じて500 (800) 円で売ると約束した以上は,商人は,500 (800) 円しかもらえなくても,後から文句は言えません。

● 「500 (800) 円カード」と「1か月後の500円カード」を使った場合
T：○班さんは,「500円カード」と「1か月後の500円カード」を選びましたね。このカードを使ったのはなぜですか。
S：一応あわせると1000円になるからです。
T：○班さん以外の人が旅の商人だったら,交換に応じますか(挙手させる)。
T：○○さん,交換に応じないのはなぜですか。
S：1か月待たないと500円が手に入らないというのでは,困るからです。
　　(T：(上記回答が出てこなければ) 500円は今すぐには手に入らないけれど,それでもいいの。
　　S：……)。
T：もし「800円カード」と「1か月後の500円カード」の組み合わせだったらどうですか(挙手させる)。

T：□□さん，交換に応じるのはなぜですか。

S：……

T：「1か月後の500円カード」は，旅の商人に500円の支払いを待ってもらうというものです。

○班さんからすると，1か月後には500円を支払うと旅の商人に約束したことになります。だから，○班さんは，1か月後には旅の商人に500円を支払わなければなりません。逆に，旅の商人からすると，500円の支払いを待つと皆さんに約束したことになります。だから，旅の商人は，1か月後にならないと，○班さんに500円を支払え，とは言えないことになります。

○○さんが言ってくれたように，旅の商人がすぐにお金が必要な場合には，交換には応じないほうがよいですね（旅の商人が交換に応じない理由として「1か月後にちゃんと500円を払ってもらえるかわからないから」という発言が出た場合のコメント例としては「○○さんが言ってくれましたが，確かに，旅の商人としては1か月後にちゃんと500円を払ってもらえるか不安ですよね。だから，そういう不安があっても交換に応じるかどうかをきちんと考えておいたほうがよいですね」）。

また，□□さんが言ってくれたように，旅の商人としては，「800円カード」と「1か月後の500円カード」で，最終的に1300円もらえるんだったら，500円については1か月待ってもいいかな，と考えるかもしれないですね。

● 「500（800）円カード」と「お手伝いカード」を使った場合

T：○班さんは，「500（800）円カード」と「お手伝いカード」を選びましたね。このカードを選んだのはなぜですか。

S：お金が足りない分仕事をしたら，チョコレートをもらえるかもしれないと思ったからです。

T：○班さん以外の人が旅の商人だったら，交換に応じますか（挙手させる）。

T：○○さん，交換に応じるのはなぜですか。

S：……

T：□□さん，交換に応じないのはなぜですか。

S：……

T：お手伝いカードは，お金が足りない分，旅の商人を手伝うというものです。

働いてお金を稼ぐというのと，よく似ていますね。

旅の商人の仕事を1日手伝うと約束した以上は，皆さんは，どれだけ仕事が忙しくても，約束どおり1日仕事を手伝わなければなりません。

500（200）円足りないのを補うために，1日働くことになってもいいのかどうか，よく考えないといけませんね。

200円足りない分のために1日働くのは割りに合わないかもしれないけれど，500円足りない分のために働くのであれば割りに合う，という考え方もあるかもしれないですね。

● 「好きなアイドルと二人で遊園地カード」について

T：「好きなアイドルと二人で遊園地カード」を使った班はありませんでした（あるいは，「○班さんでしたね」）が，もし，例えば「500円カード」と好きなアイドルとデートできるカードを使ったとして，皆さんが旅の商人だったら，交換に応じますか（挙手させる）。

T：○○さん，応じるのはなぜですか。

S：……

T：□□さん，応じないのはなぜですか。

S：たぶん，デートなんかさせてもらえないと思うからです。

T：たまたま，皆さんが，旅の商人の好きなアイドルと友達だったりすればよいけれど，そういうことがなければ，□□さんが言ってくれたように，普通は好きなアイドルとデートさせてあげることなんて無理ですよね。

できないことを約束するというのは，約束としては成り立ちません（守ることができない約束をしてはいけません）。

ですから，皆さんは，「約束なんだからチョコレート渡してよ」などと，旅の商人に言うことはできません。

● 「こわいお兄さんカード」について

T：「こわいお兄さんカード」を使った班もなかった（あるいは「○班さん」）ですね。

もし，「500円カード」と「こわいお兄さんカード」を使った場合には，旅の商人は怖いお兄さんにひるんで，500円でもチョコレートを売ってしまうのでしょうね。

T：もし，皆さんが旅の商人だったら，納得してチョコレートを渡すことができるでしょうか。納得できる人（挙手させる）。

T：○○さん，納得できないのはなぜですか。

S：無理やりだからです。

T：○○さんが言ってくれたように，無理やり安くチョコレートを売らされたのなら，旅の商人は納得できないですね。

さっき，500（800）円でチョコレートを売ると約束したら，500（800）円しかもらえなくても文句は言えないという話がありました。これは，旅の商人が，500（800）円で売らないことも自由なのに，あえて500（800）円で売ると約束したのだから，後から文句は言えないということでした。

でも，無理やりの場合には，旅の商人が，500（800）円で売らないことも自由だったとは言えません。

このように，無理やり安く売るという約束をさせられた場合，旅の商人は，自分の自由で約束したわけではないので，約束を守る必要はありませんし，皆さんも，「約束なんだからチョコレートを渡してよ」とは言えません。

3. 第2時・ワークシート②（発展課題）

　もしあなたが，自由にお助けカードを作ることができるとしたら，どのようなカードを作りますか。
　自由に考えてみましょう。

カード	カード
効果（こうか）	効果（こうか）

カード	カード
効果（こうか）	効果（こうか）

No. 2 ☑中学年〜高学年 ☑道徳・総合的な学習の時間・特別活動

約束は絶対に守らなければならないの？
―約束について根本から振り返り，その原則と修正について学ぶ―

1. 授業の目標

1. 約束は，本人同士が自分の考えに従って結んだものであり，また，守らなければ住みにくい社会となることから，守らなければならないのが原則であることを理解する。
2. 上記1の原則を貫くと不都合な結果が生じる事案の検討を通じ，「こんな約束でも守らないといけないの？」という素朴な疑問を抱かせるような場面について，その原則と調整させながら反映させた上で，妥当な結論を導くことができることに気付く。

2. 授業の構成

■ 第1時
「約束した」って言えるのかな？

■ 第2時
こんな約束でも守らないといけないの？

3. 授業の解説

(1) 約束を守るということについて

　私たちは，毎日，いろいろな「約束」をしながら生活をしています。普通にスーパー等で，何かを買うのも，表示された金額を支払ってその商品を引き渡してもらうという約束を行い，それを直ちに履行してもらっているわけです。学校生活の中でも，児童たちは「昼休みに一緒に遊ぼう」，「今日は一緒に帰ろう」など，いろいろな「約束」をしていると思います。
　このように，児童たちも含めて，私たちは，数多くの「約束」の世界の中で生きています。

　「約束は守らなければならない。」
　この本をお読みになっている先生方も，一度は児童に言ったことがあるのではないでしょうか。もしかしたら，その際，児童から「なぜ約束は守らなければならないの」と質問され，答えに窮した経験をおもちの方もいるかもしれません。

それでは，約束はなぜ守らなければならないのでしょう。
　まず，「約束」は，自分が約束をする場合を振り返ってみれば分かるように，誰かから強制されて結んだものではありません。前の項で学習したように，「私的自治（してきじち）の原則」「契約自由の原則」に基づき，約束するかどうかは当事者の自由な判断に委ねられています。このように，自分で自由な判断で約束をした以上は，その約束を守らなければならないのは当然のことと言えます。
　また，「約束」が守られない社会では，約束が勝手に破られてしまうわけですから，約束を信頼していた相手に迷惑をかけることになります。また，いつ約束を破られるか分かりませんので，他人を信用して何かをお願いしたり，他人と協力をして何かをすることも安心してできません。このような社会が望ましい社会だと言えるのか，言うまでもないでしょう。
　実際の社会では，このような約束に法的拘束力を付加した契約制度が用いられており，契約を守らなかった場合には，判決に基づいて強制的に約束の内容を実現させられる場合があるほか，約束を破ったことで相手に損害を与えた場合には，その賠償をしなければならないことになっています。

(2) 約束の成立

　さて，約束を守るかどうかを考える前に，そもそも，その約束がちゃんと成立しているのかということを考えなければいけません。当然ながら，約束が成立していなければ，守る約束もないわけで，それに従ったとか従わなかったというようなことは問題とはなりません。実は，これが簡単そうで難しい問題で，まず，この点について学んでほしいと思います。

　例えば，表向きは約束したような感じになっているけれども，お互い考えていることが違うという場合があります。例えば，ある人が，八百屋で大根の方を指さして，「これ10本，明日，家に届けてくれますか？」と聞いたところ，八百屋の店員が「いいですよ」と答えたとします。しかし，買い物に来た人が指さした方向にはにんじんも一緒に置いてあり，店員はにんじんだと勘違いして，次の日，にんじん10本を届けてしまいました。
　このように，曖昧な返事をしたことで誤解を生むことは，世の中にとてもたくさんあります。この事例の場合，八百屋の店員は約束を守ったつもりである一方，買い物に来た人は「約束と違うじゃないか」ということになります。こういう場合は，「何を買うのか」という約束のいちばん大事な部分で，お互い考えていることが違うということで約束が存在していない，つまり，約束は無効だということになります（このような場合を，法律用語で「錯誤無効」（民法95条）と言います）。ただし，片方の勘違いがあまりにひどい場合，つまり「普通，こういう勘違いはあり得ないよね」というような場合には，有効となる場合もあります。

　もう一つ，これは極端な例ですが，約束それ自体が，社会に不利益を与えるような場合も考えられないわけではありません。お金を支払って殺人を依頼するとか，盗みを画策して実行犯

との山分けの条件を「約束」するような事例がこれに当たりますが，そのような約束自体，反社会性を帯びています。

　このような場合は，お互いにとって約束の中身は明確であるにも関わらず，約束がなかったことになります。民法90条が定める，いわゆる「公序良俗違反」に基づく，契約の無効です。正面から「私的自治の原則」「契約自由の原則」と対立する条文ですが，こういう反社会性を帯びた契約を保護する必要はありません。そのため，民法が線引きをして，このような約束は全ての場合において無効としているわけです。

(3) 結んだ約束は絶対に守らなければならないか

　以上のように，まず，約束が成立したか，有効かという問題はありますが，契約が有効に成立した以上，約束は守らなければならないのが原則です。

　しかし，約束を守らなければならないのは，自分で自由な判断で約束をした以上，その責任は自分で負うべきであり，これを守らないようでは住みよい社会とは言えないという理由からでした。だとすれば，実は自由な判断で約束したとは言えない場合，そして，そのような形で契約してしまった人が約束を守らなくても，社会全体から見て「これは仕方がない」という場合には，約束をなかったことにしてもよいと言えそうです。

　例えば，絵が好きな人が，画廊に絵を見に行ったとします。

　そのとき，画廊の人が，「これは有名な○○先生の絵で，価値は1000万円を下らない」と嘘を述べた上で，「今なら500万円で売ります」と言いました。これを聞いて，1週間後に代金を払い商品を受け取ることを約束したとします。しかし，実は，その絵は300万円程度の価値しかなかったことが分かりました。

　こういう場合，間違った情報を元に絵を買うことを決断したのですから，自由な判断で売買したとまでは言えなさそうです。また，社会的にもこういう場合にまで約束を守らなければならないというのは酷でしょうし，むしろこうした事例では取り消しを認めたほうが，住みやすい社会に資すると言えるでしょう。そこで，民法は，「話が違うからもう絵はいらない。だから，代金も払いません」と，約束を取り消すことを認めています。民法96条が定める，いわゆる詐欺による契約の取り消しです（ただ，実際の詐欺では，詐欺師は，1週間後に売買というような悠長なことはせず，その場で代金を支払わせたりローンを組ませたりします。ですから，取り消そうとしたときには既に代金は払い終わっており，代金を返してもらおうとしても，ほとんどの場合，そのお金がどこに行ってしまったか，わからない状態になってしまっています。ここでの学習項目とは多少異なりますが，約束をするときによく考えるということは本当に大事です）。

　一方，画廊の人から「ここで代金を払わなければ家に帰さない」ということを言われて，怖くなって約束してしまったということがあるかもしれません。この場合も民法は，同じ条文で取り消しを認めています。強迫による契約の取り消しです。

　このように，「私的自治の原則」「契約自由の原則」という大原則はあるものの，その原則の

根幹（趣旨）が覆されるような事態が発生した場合，それを修正する必要があり，現実の民法でもそれが予定されているのです。このように，法はただ原則を定めるだけではなく，それを修正し，柔軟に解決する手段をも提供しているのです。

　※　このような事例の場合，民法だけではなく，消費者契約法などで保護される場合もありますが，こうした特別法での取扱いについては本書では割愛します。

⑷ 児童のみなさんに学んでほしいこと

　もちろん，児童のみなさんに，こうした民法の条文やその運用という法律学の知識を学んでほしいわけではありません。そうではなくて，児童のみなさんには，以上のような，柔軟に対応しようとする「法」の考え方を，「なぜ約束は守らなくてはならないのか」という前提に立ち返って考えてもらいたいのです。

　約束を守ることは，大原則として当然のことです。これから社会を担っていく児童のみなさんには，そのことは当然理解してもらわなければなりません。しかし，どんな場合どんなふうに成立した約束であっても十把一からげに何でもかんでも守れ……という固定観念だけでは，解決できない問題が数多くあります。それを実感してほしいのです。

　小学生では，まだその原理原則を理解することは困難だろうと思います。ただ，「何となくおかしい」，「もう少し考えないとダメな場合もありそうだ」ということを，何となく肌で感じてもらえれば，そして，そのためにこの教材が役に立てば，本当にうれしく思います。

第1時

約束について考えてみよう

1. 本時の目標

1. 児童に自分たちがしている約束について思い出してもらい，自分たちがたくさんの約束をしながら生活をしていることに気付く。
2. 約束ができたと言えるためには，お互いの認識の一致が必要だということを理解する。
3. 約束は，本人同士が自分の判断にもとづいてなされたものであり，社会生活の根幹とも言い得るものであるから，守るのが原則であることを理解する。

段階	学習活動	指導上の留意点
導入 【15分】	○日常の生活の中で，どのような約束をしているのかについて，自由に発表する。 ○それぞれの約束が，当事者の合意でできていることを理解する。	★休み時間に一緒に遊ぶとか，帰るときに一緒に帰るとか，何気ないことも約束である。自分たちは，約束の中で生活していることを意識させたい。 ★児童の側から発言がなければ，教師が見聞きしている児童の行動を思い出して，具体例を挙げて発言を引き出す。 ★例えば，帰るときに一緒に帰るという約束の場合は，どちらかが「一緒に帰ろう」と言って，「いいよ」という話をしたりするはず。一つ一つの約束をひも解くと，そこに合意があることを理解させたい。 ★逆に，児童の側としては，合意がなくても約束だと勝手に理解している可能性もある。できれば，「それは約束なのかな？」というふうに考えさせたいところ。
展開 【20分】	○一つの事例について，約束ができているか，その約束は守らなければいけないかを考える。 【ワークシート①を配布】 ○議論の前提として，一番最初の設例を理解する。 ○どういう約束ができているかを理解する。 ○一方的な事情のみでは，約束を破ることは，原則として許されないことを理解する。 ●設問1，2	★本時では，約束を守ることが原則であることを中心に指導する。第2時でその修正を扱うので，原則を強調しても構わない。 ★児童に読ませたうえで，教師が解説する形がよいと思われる。 ★設問1の（ ）には，それぞれ「A選手のカード」，「B選手のカード」が入る。ここに二人の合意があることを理解させたい。 ★当然ながら，約束は守らなければいけないということになる。但し，その理由については，様々な考え方があり得る。

		約束を守る方向での常識的な意見であれば，全て正解と考えてよい。自由に意見を出させて，ワークシートの設問2に書かせる。
	【ワークシート②を配布】 ●設問3	★設問3は，意見が分かれる可能性があるが，これも約束を守らなければいけないのが原則。相手に落ち度が全くないからである。 ★これは，児童に考える時間を与え意見交換をすると，理解が深まると思われる。
展開 【発展】	○当事者の認識の一致がなく約束が成立したと言えない事例では，約束がないという結論になることを理解する。 ●設問4 (かなり難易度が高いので，理解させるのが難しい場合には，削除しても構わない)	★渡すカードについて誤解がある以上，けんたさんに「A選手のカード」を渡す意思がなく，意思の合致がない。この場合は，約束自体が成立せず，無効となるので，しょうへいさんは，カードをもらうことはできない……というのが，法律上の原則である。 ★但し，けんたさんに非常に大きな落ち度がある場合は，カードを渡さなければいけなくなる場合もある。そのため，「約束はないけれど，本当にそれでもいいかな？」という形で揺さぶりをかけるという選択肢はあり得る。ただ，ここまでやろうとすると，法律専門家等を，ゲストティーチャーに招くほうがよいであろう。
まとめ 【10分】	○約束はなぜ守らなければならないのか，再認識する。	★約束は，本人同士が自分の判断にもとづいて合意したものであることを念頭に置きつつ，約束を守らなければいけないということを，根拠に遡って理解させたい。 ★大人の社会では，約束（契約）を破った場合には，その罰としてペナルティ（損害賠償等）が生じることに言及してもよい。

2. 第1時・ワークシート①

約束について考えてみよう

> けんたさんとしょうへいさんは，プロ野球選手のカードを集めています。
> ある日，けんたさんとしょうへいさんが話していると，しょうへいさんが欲しいと思っていた「A選手のカード」を相手が持っていることがわかりました。そこで，しょうへいさんがけんたさんに「A選手のカードが欲しいな」と話したところ，けんたさんは，「君の持っているB選手のカードをくれたらいいよ」と言いました。
> そこで，しょうへいさんは，「わかったよ」と答えました。

○ けんたさんとしょうへいさんは，どんな約束をしたのでしょうか？

けんたさんが，しょうへいさんに（　　　　　　　　　）をわたし，しょうへいさんが，これと同時に，（　　　　　　　　　）をけんたさんにわたすという約束。

> けんたさんは，家に帰り，しょうへいさんと交かんするためのカードの準備をしていましたが，そのカードを見ていると，急に交かんすることがもったいないなと思うようになりました。

1. けんたさんは，しょうへいさんに「やっぱり，昨日の話はなかったことにしよう」と言って，カードの交かんをやめることができると思いますか。

　　　　　できる　　　　　　　　　できない

2. そのように考えたのはどうしてですか？

3. 第1時・ワークシート②

★ それでは，こんな場合はどうでしょう？　みんなで考えてみましょう。

> けんたさんは，家に帰り，しょうへいさんと交かんするためのカードの準備をしていたところ，たけしさんが，「B選手のカードだったら，いらないからあげるよ」と言って，B選手のカードをわたしてくれました。

3. けんたさんは，しょうへいさんに「B選手のカードをもらっちゃったから，もういらない。昨日の話は，なかったことにしよう」と言って，カードの交かんをやめることができるでしょうか？

　　　　　　（ヒント：しょうへいさんは，どんな気持ちになるかな？）

★ それでは，こんなときは，どうでしょう？

> けんたさんは，しょうへいさんの話をかんちがいしていて，Aというサッカー選手のカードと思いこんでいました。そこで，しょうへいさんに，Aというサッカー選手のカードをわたしたところ，しょうへいさんに「それじゃない」と言われてしまいました。

4. けんたさんは，しょうへいさんに「A選手のカード，サッカーの選手とまちがえてたよ。昨日の話は，なかったことにしよう」と言いましたが，しょうへいさんは，「約束したんだから，どっかで買って，野球のA選手のカードを持ってきてよ」と言いました。けんたさんは，カードの交かんをやめることができるでしょうか？

　　　　　　（ヒント：二人は，どんな気持ちで約束しているかな？）

第2時

結んだ約束はどんな場合でも守らなければならないのか考えてみよう

1. 本時の目標

1. 「約束は守らなければならない」との原則を貫くと不都合な場面があることに気付く。
2. 修正が必要な場面において，どのような考え方にもとづき，原則を修正しているのかについて，「約束はなぜ守らないといけないのか」という根本から振り返りつつ理解させる。

段階	学習活動	指導上の留意点
導入 【5分】	【あらかじめ班分けをしたうえで，席を移動しておく】 ○前時の学習を復習する。	★発表の便宜からすると6班くらいが適正だが，クラスの実情に応じて，もちろん変更してよい。 ★第1時のまとめをそのまま繰り返せばよいと思われる。約束は原則として守らなければならないことを，改めて指摘する。 ★大事なところでもあるので，それなりの時間をかけてもよいと思われる。
展開(1) 【20分】	○約束を修正できる場面を班ごとに検討する。 【ワークシート①②を配布】 ○ワークシートの例を読み上げるなどして理解し，直感的な回答をワークシートに記入する。 ○直感的な回答を記入したうえで，班ごとに議論し，結論と理由をまとめる。	 ★事例がそれなりに長文なので，児童が理解しているかどうか確認しながら，1問ずつ，ワークシートに記入させるほうがよい。 ★直感的にも，法律的にも，これらは原則を修正する場面である。仮に，約束を守るべきと回答した児童があったとしても，その後の班での議論の中での考え方の修正を期待し，ここでは正解を述べるべきではないと考える。 ★基本的には各班の議論に委ねる。但し，後から結果と理由を発表してもらうことを伝えておく。 ★教師は，各班の様子を見て回り，議論がうまくできていない班には，「しょうさんの立場だったらどう思う？」等の指摘をしてもよい。
展開(2) 【15分】	○各班ごとに，議論の結果を発表する。	★一つの事例の理由付けは，似通う可能性が高い。班の数が六つであれば，くじ引きでどの事例をどの順番で発表するかを決めてもらうと盛り上がるほか，公平が保てると思う。 ★法律的には，①の事例は公序良俗違反で無効，②は詐欺で約束は取消可能，③は強迫で取消可能，という説明となる。②と③については，まさるさんとの間で合意はできているが，まさるさんからの不当な働きかけによるものであり，

	○発表された内容について，発表した以外の班からの意見を募る。	自由な判断に基づいているとは言えない。 ★自分が発表していない事例もあるはずだから，漏れた意見があれば，積極的に発表してもらうのがよいであろう。 ★議論が盛り上がらないときは切り上げて，まとめを充実しても構わない。
まとめ 【5分】	○児童の発表の内容を踏まえ，教師がまとめる。	★まとめる順番としては，以下のパターンが考えられるが，適宜工夫してよい。 ●授業冒頭での説明の通り，約束は守るのが原則であることを指摘。 ●事例①～③については，原則を修正すべき場面であることを，児童の発表を踏まえつつその理由を説明する。 ●時間があれば，世の中の悪徳商法と言われているものは，これらの事例（特に②と③）に当てはまるものが多いことを指摘してもよい。さらに，このような場合には，そもそも約束をするべきではないこと，また，約束しても反故にされるのだから，一人で考えないで誰かに相談すべき……というところまで踏み込むと，さらに充実するのではないかと思う。

2. 第2時・ワークシート①

約束は守らなければいけない？

★ 次の①～③について，考えてみよう。

【①】しょうさんは，まさるさんから「君が欲しいと言っていたC選手のカードをあげるから，そのかわり，ゆうきさんの持ってるD選手のカードをぬすんできて」と言われました。しょうさんは，そのカードが欲しかったので，「わかった」と言い，そのカードをもらいました。
しかし，しょうさんは，いつまでたってもD選手のカードを持ってこないので，まさるさんから「約束したのだから，ちゃんと守ってよ」と言われてしまいました。

【②】しょうさんは，まさるさんから，「このS選手のカードは，持っているだけでじまんできるんだ。」という話を聞き，1枚もカードを持っていないしょうさんは，このカードが欲しくなってしまいました。そこで，ゲームソフトをまさるさんにあげて，それと引きかえにS選手のカードをもらうという約束をして，次の日，ゲームソフトとS選手のカードを交かんしました。
でも友達に聞くと，S選手のカードは，だれでも持っているものだということが分かりました。しょうさんは，「S選手のカード返すから，ゲームソフト返して」とまさるさんに言うと，「交かんするって約束だったんだから守ってよ」と言われてしまいました。

【③】しょうさんは，そうじのときに教室のガラスが割れているのを見つけましたが，後から来たまさるさんは，しょうさんが割ったと決めつけ，「H選手のカードをくれたらだまってるけど，くれなかったら君が割ったってクラスのみんなに言うよ。」と言ってきました。困ったしょうさんは，しぶしぶH選手のカードをわたすと約束しました。
でも，次の日，教室のガラスを割った人がだれか分かったので，しょうさんはH選手のカードはあげないと話すと，「ぼくは約束どおりだまってたんだから，君も約束は守ってよ」と言われました。

3. 第2時・ワークシート②

1. ①～③の場合，しょうさんは，約束を守らないといけないでしょうか？
   あなたの考えに，○をつけてみましょう。

   　　　　【①】の場合　　　　守らないといけない　　　　守らなくていい

   　　　　【②】の場合　　　　守らないといけない　　　　守らなくていい

   　　　　【③】の場合　　　　守らないといけない　　　　守らなくていい

2. 約束を守らなくてよい場合とは，どんな場合でしょう？　班(はん)で話し合った結果を，下にまとめてみましょう。

   ほかの班(はん)の発表を聞いて，気付いたことがあれば，メモしましょう。

No. 3 ☑ 中学年〜高学年　☑ 総合学習・特別活動

他人の権利を尊重すること

―他者への配慮について考えてみよう―

1. 授業の目標

1. 他人の権利・利益を侵害する場合には，①わざとやった場合，②わざとではなかった場合の2種類があることを理解する。
2. 「わざと」他人の権利・利益を侵害した場合と「うっかり」他人の権利・利益を侵害した場合の責任の有無および程度の違いを理解する。
3. 社会には様々な権利・利益が存在することを理解し，それらを侵害しないように注意して行動することが大切であることを理解する。

2. 授業の構成

■ 第1時
故意の行為，故意ではないが過失がある行為，故意も過失もない行為の事例を比較しながら，行為者が責任を負うのはどのような場合かを考える。

■ 第2時
被害者にも落ち度がある場合に行為者だけに責任を負わせていいのかを事例に即して考える。また，権利・利益にはどのようなものがあるのか，具体的な例を提示しながら理解する。

3. 授業の解説

(1) 他者危害禁止の原則

私たちは，社会生活を営む上で，「他人の権利や利益を侵害しない限り，原則として自由に行動してよい」という考え方を無意識のうちに理解していると思います。この考え方のことを，「他者危害禁止の原則」と呼びます。

では，その場合，他者の権利や利益を侵害した人は，常に責任を負うことになるのでしょうか。以下，場合に分けて考えてみることにしましょう。

⑵ **故意責任（「わざと」やった場合）**

　まず，「わざと」他人の権利や利益を侵害した場合には，よほどの例外を除き，責任を負うことになると言ってもよいでしょう。この場合，自分の行為によって他人の権利や利益を侵害することを認識した上で，そのような結果を発生させることを意図して（または，そのような結果が生じてもよいと考えて）敢えて行為に出ているわけです。したがって，意図したことが起こるのは当然であり，その意味において，その行為は強い非難にさらされることになると言えるからです。

⑶ **「わざと」ではない場合**

　では，「わざと」ではない場合には，責任を負わなくてよいのでしょうか。
　いくつかの場面に分けて考えてみましょう。

　第1に，「わざと」ではなくても，「うっかり」やってしまった場合についてはどうでしょうか。この場合には，注意していれば他人の権利や利益を侵害するという結果を予想でき，予想していれば違った行動をとることによって損害が発生するという結果を防げたのに，そのような注意を欠いたために，結果が発生してしまったわけです。もう少し分かりやすく言えば，他者に対する配慮を欠いていたわけですから，そのことに対して非難を向けることができます。
　第2に，他者に配慮していても結果を予想できなかった場合，あるいは，結果の予想ができたとしても他の行動をとる選択肢がなくて結果の発生を防止できなかった場合は，責任を問われません（これを「不可抗力」と言います）。また，不可抗力の場合にまで，結果に対して責任を負わないという原則のことを「過失責任の原則」と言います。もし，このような場合にまで責任を問われるとすれば，あまりにも行動の自由が制約され，うっかり外を出歩くこともできなくなってしまいかねません。過失責任の原則は，個人の行動の自由と権利・利益保護のバランスをとるための原則です。

⑷ **相手にも「うっかり」がある場合（過失相殺）**

　行為者が責任を負わなければいけない場合であっても，相手（被害者）の側にも「うっかり」がある場合には，生じた結果の全てに対して責任を負わなくてもよいということです。これを「過失相殺」といい，交通事故などで「過失割合は70対30」というように使われます（被害者側にも3割の落ち度があるということを意味する表現です）。このような場合は，相手方（被害者）も自分の権利・利益を守るための注意を怠っていたわけですから，責任の全部を一方的に加害者に負わせるのは公平ではありません。過失相殺の背後にあるのは，「損害の公平な分担」という考え方です。

　民事裁判では，原告が「被告の過失により損害が生じたので賠償してください」と訴えて，被告が，「そもそも結果が予見できなかった」とか「予見できても結果を回避することはできなかった」というように不可抗力の主張を行ったり，あるいは「原告の方にも落ち度が半分あ

るから，損害の半額についてしか賠償責任がない」というように過失相殺の主張を行ったりします。当事者間で合意ができなければ，最終的には裁判所が「原告の落ち度が何割，被告の落ち度が何割だから，被告は原告に損害額の何割を支払いなさい」といった内容の判決が下されて紛争が解決されていきます。

(5) 授業のねらい

この授業のねらいは，社会の中で他者と相互に権利・利益を尊重し合いながら共生していくための基本原則を理解してもらうことにあります。その前提として，まず「わざと（故意）」と「うっかり（過失）」の意味をきちんと理解してもらい，次に，「わざと」の場合はもちろん，「うっかり」他人の権利や利益を侵害した場合でも責任を負う必要がある場合があることを理解してもらいたいと思います。そして，最終的には，自分の権利・利益だけでなく他者の権利・利益をも尊重し，他者に配慮して行動することの大切さに気付き，他者に配慮する具体的な方法を身に付けて，実生活の中で活かしていっていただくことが目標です。

他者に配慮するということは，単なる「心構え」を意味しません。想像力を働かせて自分の行動から何が起こり得るかを予想し，何らかの危険が予想される場合には違う行動によって目的を達成する方法を考える，という極めて知的な作業です。したがって，そのような能力はトレーニングによって高めていくことができます。

なお，法的に保護される「権利・利益」には，大きく分けると3種類のものがあります。第1は「生命・身体」であり，これが最も重要なものです。刑法上の重罪は，ほとんど全てが，他人の生命や身体を侵害する犯罪です。第2はプライバシーなどの「人格権」であり，これは人間の肉体ではなく精神の尊重を意味します。それだけに「ワガママ」との区別がつきにくい権利ですが，「ワガママ」との区別は，誰もがやめてほしいと思うこと（例．よくない成績表を公開されること）か，普通の人は「残念だけど仕方がない」と思うこと（例．買いたいと思っていた漫画本を先に誰かに買われてしまって売り切れたこと）かという基準で判断することになるでしょう。第3は「財産」であり，これも基本的な権利ではありますが，先の2種類の権利と衝突した場合には，「生命・身体・人格」が「財産」よりも優位に立つというのが基本的な考え方になっています。

(6) 児童のみなさんに学んでほしいこと

みなさんが生活するこの社会は，たくさんの人々で成り立っています。クラスメートや先生，家族や地域の人など，みなさんに身近な人々をはじめ，広い世界には，みなさんがまだ会ったことのない人々もたくさんいます。みなさんは，これらの人々と関わり合って生活しています。

このような社会の中で，みなさんが安心して生活していくためには，お互いがお互いの「権利」を傷付けないように，できるだけ注意して行動する必要があります。

では，他人の権利を傷付けないようにするには，どうすればよいでしょうか。

わざと他人の権利を傷付けたりしないことは，最も基本的なことです。わざと他人の権利を

傷付けたときには，きちんと償いをしなければなりません。でも，それだけで十分でしょうか。

　例えば，自転車の運転を考えてみましょう。よそ見運転をしていて人にぶつかり，ケガをさせてしまいました。わざとぶつけたわけじゃないから悪くないし，償いもしなくてよいのでしょうか。みなさんは，どのように考えますか。

　みなさんが他人の権利を傷付けないために，どのように行動する必要があるのかについて考えてもらいたいと思います。

第**1**時

「わざと」と「うっかり」の違い

1. 本時の目標

1. 他人の権利・利益を侵害する場合にも，行為者が「わざと」やった場合とそうではない場合があることに気付く。
2. 「わざと」とやった場合には，当然責任を負うことを理解する。
3. 「わざと」ではない場合には，行為者が責任を負う場合と負わない場合があることを理解し，どのような場合に責任を負うかを考える。

段階	学習活動	指導上の留意点
導入 【5分】	○これまでに，友達や他人の権利・利益を侵害してしまった経験の有無について発表する。	★（発問例） 「みなさんは，誰かのものを壊しちゃったり，迷惑をかけちゃったりしたことはあるかな？」 ★それらが，どのような状況下で，どのような理由で発生して，どのように解決したのかも含めて具体的に発表させる。 ★どういう場面で，どういう解決をしてきたのかという発表を通じて，ここから先の授業に対し，イメージをもってもらいやすくするねらいがある。
展開（1） 【10分】	【ワークシート①〜④を配布】 ○それぞれの事例において，責任を負うべきかについて考える。	★Bの事例は故意，Cの事例は有過失，Dの事例は無過失（不可抗力）の事案である。 ★まず，ワークシートを全て配布し，それぞれの事例について，児童に自由に意見を書かせる。
展開（2） 【20分】	○故意（B）により相手に損害を与えた場合，責任を負うことを理解する。 ○過失（C）により，相手に損害を与えた場合，責任を負うことを理解する。 ○無過失・不可抗力（D）の場合には，責任を負わないことを，理解する。	★児童の考えを理由と共に発表させる。特に，BがAに責任を負うこと自体は，異論がないと思われるが，児童の自由な発想により，様々な理由が挙げられてよいと思う。 ★わざとスープをかけたわけではないが，走っていればつまづく可能性は高く，そのミスでスープをかけてしまったという意味で，「過失」の事案である。 ★児童の考えを募り，板書するなどして，児童の考えを深めさせたい。ここでは，「（スープをかけたこと自体は）わざとじゃないからよい」という考えと，「うっかりミスなんだから責任がある」という考えの両方が出てくる可能性がある。前者の意見に対しては，「Aの立場に立ったら，どう思う？」，「スープがかからないように，Cさんは何かできなかったかな？」というような形で，誘導したい。 ★地震が起こったことはDさんではどうしようもなく，注意をすることもできない。したがって，「無過失（不可抗力）」の事案である。

		★これも児童の考えを募り，板書するのがよいと思われるが，これも「Dは何も悪くない」「Aは損害を受けているじゃないか」等，別々の立場から意見が出ることが予想される。後者の意見に対しては，「じゃあ，Dはどうすればよかったのかな？」と投げかけ，Dにはどうしようもなかった，つまり責任がないという方向に，誘導させたい。
	○被害の程度にかかわらず，原因によって，責任の所在の有無が代わることを理解する。	★「Aさんの受けた被害は同じだよね？ でも，責任を負う場合と負わない場合があるのは，どうしてだろう？」という趣旨の質問を投げかけ，児童の思考を整理させる。
まとめ 【10分】	○故意や過失のある場合は，原則として責任を負い，無過失や不可抗力の場合には，責任を負わないという点について，確認する。	★故意・過失のある場合にのみ責任を負うという結論となる。そのような考え方であるからこそ，人は社会において，不可抗力等によって責任を取られることがなくなり，自由に活動できるという視点も併せて伝えることができれば理想である。

2. 第1時・ワークシート①

> 今日は給食にスープが出ました。Aさんは自分の席に座っていました。
> 給食のスープを自分の席に運んでいた「ある人」が，Aさんの席の横を通り過ぎる際，その人がスープをこぼしました。
> 「ある人」のこぼしたスープがAさんにかかり，Aさんのシャツとズボンがよごれました。Aさんは，このシャツとズボンを洗ってほしいと思っています。

「ある人」はBさんでした。
AさんのことがきらいなBさんは，Aさんの席の横を通り過ぎる際，わざとAさんにスープをかけたので，その結果，Aさんのシャツとズボンがよごれてしまいました。

1. Bさんは，Aさんのズボンとシャツを洗うべきでしょうか？

2. その理由について，考えてみましょう。

3. 第1時・ワークシート②

> 今日は給食にスープが出ました。Aさんは自分の席に座っていました。
> 給食のスープを自分の席に運んでいた「ある人」が、Aさんの席の横を通り過ぎる際、その人がスープをこぼしました。
> 「ある人」のこぼしたスープがAさんにかかり、Aさんのシャツとズボンがよごれました。Aさんは、このシャツとズボンを洗ってほしいと思っています。

「ある人」はCさんでした。
給食のスープを運んでいたCさんは、Aさんの席の横を通り過ぎる際、大急ぎで自分の席にもどろうとして走ってしまい、つまずいて転んでAさんにスープがかかり、その結果、Aさんのシャツとズボンがよごれてしまいました。

1. Cさんは、Aさんのズボンとシャツを洗うべきでしょうか?

2. その理由について、考えてみましょう。

4. 第1時・ワークシート③

> 今日は給食にスープが出ました。Aさんは自分の席に座っていました。
> 給食のスープを自分の席に運んでいた「ある人」がAさんの席の横を通り過ぎる際，その人がスープをこぼしました。
> 「ある人」のこぼしたスープがAさんにかかり，Aさんのシャツとズボンがよごれました。Aさんは，このシャツとズボンを洗ってほしいと思っています。

「ある人」はDさんでした。
給食のスープを自分の席に運んでいたDさんは，Aさんの席の横を通り過ぎる際，非常に大きな地しんが発生したためによろけてAさんにスープがかかり，その結果，Aさんのシャツとズボンがよごれてしまいました。

1. Dさんは，Aさんのズボンとシャツを洗うべきでしょうか？

2. その理由について，考えてみましょう。

5. 第1時・ワークシート④

まとめシート

Bさん，Cさん，Dさんでは，どんなところがちがうのでしょうか？
今日，学んだことをまとめてみましょう。

第2時

被害者にも落ち度がある場合

1. 本時の目標

1. 権利・利益を侵害された者（被害者）の側にも落ち度がある場合には，被害者側も一定の責任を負担することについて理解する。
2. 社会には様々な権利・利益が存在することを理解し，それらを侵害しないように注意して行動することが大切であることを理解する。

段階	学習活動	指導上の留意点
導入 【5分】	○前の時間に行った，「わざとではなく他人の権利・利益を侵害した場合でも責任を負う場面」とは，どのような場面であるのか，確認する。	★具体例を挙げる。
展開(1) 【15分】	【ワークシート①②を配布】 ○過失の有無について，具体的に考える。	★Eの事例について，Eが責任を負うべきかについて挙手させ，その立場に応じて，Aへの手紙を作成させる。 ★手紙を書き終わった頃に，それぞれの立場の児童から発表させ，その発表に対する意見を募る。なお，意見が一方に偏った場合には，教師がもう一方の立場をとり，児童の意見を揺さぶりたい。 ★法的には過失があるとされる事案だが，児童には結論を求めず，自由に議論させたい。 ★児童の側から，過失の有無ではなく，過失の程度に関する意見が出ることも想定される。確かに，過失の程度も様々である（重過失・軽過失）が，法的な責任を導く過失は，過失の有無による二者択一的に決せられることになる。ここでは，過失の程度でなく，過失の有無を問題としているので，あまり，過失の程度の議論に深入りすべきではない。
展開(2) 【20分】	【ワークシート③④を配布】 ○双方に過失がある場合に，どちらかが責任を一方的に負うことが不公平であることを理解する。	★Fの事例について，Fが責任を負うべきかについて挙手させ，その立場に応じて，Aへの手紙を作成させる（ワークシート(1)(2)）。 ★手紙を書き終わった頃に，それぞれの立場の児童から発表させ，どちらの側にも，過失があることを意識させる。 ★そのうえで，責任を負うという立場の児童に対して，「Aにも過失があるのに，全部の責任を負わないといけないの？」という趣旨の揺さぶりをかける。逆に，責任を負わないと

		いう立場の児童に対して、「Aがもう少し気を付ければ、よかったんだったら、全然責任を負わないというのもおかしくない？」というような揺さぶりが考えられる。児童に、どちらか一方だけが責任を負うという二者択一の結論を取ることが、不公平であるということを理解させたい。
	○双方に過失がある場合の処理の方法について考えを深める。	★それでは、どのような解決が可能であるかという点について、児童に時間を与えて考えさせ、意見を募る。 ★法律的には、過失割合（どちらが何割悪いのか）ということを決めて、その分だけ、損害賠償額を減額するという扱いを取る。ただ、具体的に何割悪いというところまで踏み込むことは難しいかもしれない。あえて答えを限定せず、「一方的に責任を負わせるのではない、何らかの解決」を自由に提示させれば十分であろう。
展開(3) 【15分】	○以下の各事例について、侵害されている権利・利益が何か、それは尊重されるべきものかどうかを考える。 ①一郎さんは田中さんに怪我をさせられました（身体）。 ②二郎さんは佐藤さんに自転車を壊されました（財産権）。 ③三郎さんは鈴木さんに「三郎さんは算数のテストで０点を取ったんだよ」と噂を流されました。なお、鈴木さんが流した噂は本当のことでした（名誉・プライバシー）。 ④四郎さんは、「今日は放課後、本屋で大人気の漫画を買いに行く」と公言していたところ、木村さんは四郎さんよりも先に本屋に行って、残り１冊の漫画の本を買ってしまいました。	★身体は当然に尊重されるべき権利・利益。尊重されなければ常に危険にさらされることになる。 ★財産も当然に尊重されるべき権利。尊重されなければ、大切なものを壊されたり盗まれたりする危険が増大する。 ★名誉やプライバシーも尊重されるべき権利。内容が真実かどうかを問わない（重要）。本人が知られたくない情報であるかどうかが問題。尊重されなければ他人に知られたくない情報が出回ってしまう。 ★単なる四郎さんのワガママに過ぎない。他にも漫画を購入したいと考えている人は存在し、四郎さんだけを優先させるわけにはいかない。 →みんなが安心して社会生活を送るためには他人の正当な権利を尊重する必要があるが、ワガママは保護に値しないこと（ワガママを保護すると、かえって他人の権利・利益を侵害することになること）を理解させる。
まとめ 【5分】	○権利・利益を侵害された場合でも、被害者側にも落ち度があれば行為者の責任が軽減されることを確認する。 ○社会にはいろいろな権利・利益が存在し、社会生活を営むうえでは、他人の権利・利益を侵害しないように行動することが大切であることを確認する。	★他者の権利・利益だけでなく自分自身の権利・利益も守るように気を付けなければならないことを確認する。 ★権利・利益の基本的なものは「生命・身体」、プライバシーなどの「人格権」、「財産」の３種類であることを（このような言葉を使う必要はないが）意識させる。

2. 第2時・ワークシート①

> 今日は給食にスープが出ました。Aさんは自分の席に座っていました。
> 給食のスープを自分の席に運んでいた「ある人」が、Aさんの席の横を通り過ぎる際、その人がスープをこぼしました。
> 「ある人」のこぼしたスープがAさんにかかり、Aさんのシャツとズボンがよごれました。Aさんは、このシャツとズボンを洗ってほしいと思っています。

「ある人」はEさんでした。
給食のスープを自分の席に運んでいたEさんは、Aさんの席の横を通り過ぎる際、今日のワックスがけでツルツルだったゆかで足をすべらせて転んで、Aさんにスープがかかり、その結果、Aさんのシャツとズボンがよごれてしまいました。

1.（Eさんの立場で考える）　EさんがAさんに言いたいこと

(1)「EさんがAさんの要求に応じなければいけない」という意見の人は、この手紙を書いてみましょう。

Aさんへ
　今日は給食のスープをこぼしてしまってごめんなさい。私がAさんにスープをこぼしてしまったのは、以下の点が原因だと思います。

①_____

②_____

　今後は、同じことをくり返さないように、以下のように行動しようと思います。

①_____

②_____

　　　　　　　　　　　　　　　　　　　　　　　　　　Eより

3. 第2時・ワークシート②

(2) 「EさんがAさんの要求に応じなくてよい」という意見の人は、EさんのAさんに対する言い分を書いてみましょう。

> Aさんへ
> 　今日はAさんに対して給食のスープをこぼしてしまいましたが、私は以下の理由で、悪くないと思います。
>
> ①_____
> _____
>
> ②_____
> _____
>
> ③_____
> _____
>
> 　　　　　　　　　　　　　　　　　　　　　　　Eより

4. 第2時・ワークシート③

> 今日は給食にスープが出ました。Aさんは自分の席に座っていました。
> 給食のスープを自分の席に運んでいた「ある人」が，Aさんの席の横を通り過ぎる際，その人がスープをこぼしました。
> 「ある人」のこぼしたスープがAさんにかかり，Aさんのシャツとズボンがよごれました。Aさんは，このシャツとズボンを洗ってほしいと思っています。

「ある人」はFさんでした。
給食のスープを自分の席に運んでいたFさんは，Aさんの席の横を通り過ぎる際，Aさんが通路に置いていたかばんにひっかかって転んでAさんにスープがかかり，その結果，Aさんのシャツとズボンがよごれてしまいました。

1.（Fさんの立場で考える） FさんがAさんに言いたいこと

(1)「FさんがAさんの要求に応じなければいけない」という意見の人は，この手紙を書いてみましょう。

> Aさんへ
>   今日は給食のスープをこぼしてしまってごめんなさい。私がAさんにスープをこぼしてしまったのは，以下の点が原因だと思います。
>
>   ①＿＿＿＿＿＿＿＿＿＿＿＿＿＿＿＿＿＿＿＿＿＿＿＿＿＿＿＿
>
>   ②＿＿＿＿＿＿＿＿＿＿＿＿＿＿＿＿＿＿＿＿＿＿＿＿＿＿＿＿
>
>   今後は，同じことをくり返さないように，以下のように行動しようと思います。
>
>   ①＿＿＿＿＿＿＿＿＿＿＿＿＿＿＿＿＿＿＿＿＿＿＿＿＿＿＿＿
>
>   ②＿＿＿＿＿＿＿＿＿＿＿＿＿＿＿＿＿＿＿＿＿＿＿＿＿＿＿＿
>
>   Fより

5. 第2時・ワークシート④

(2) 「FさんがAさんの要求に応じなくてよい」という意見の人は，FさんのAさんに対する言い分を書いてみましょう。

> Aさんへ
> 今日はAさんに対して給食のスープをこぼしてしまいましたが，私は以下の理由で，悪くないと思います。
>
> ①＿＿＿＿＿＿＿＿＿＿＿＿＿＿＿＿＿＿＿＿＿＿＿＿＿
>
> ②＿＿＿＿＿＿＿＿＿＿＿＿＿＿＿＿＿＿＿＿＿＿＿＿＿
>
> Fより

(3) その他の解決案がある人は，書いてみましょう。

（Aさんのシャツやズボンをせんたくするのは，だれがいいか。）

（その理由は）

63

No. 4　☑ 中学年～高学年　☑ 総合的な学習の時間・特別活動

「もめごと」の解決方法

―調停員を体験してみよう―

1. 授業の目標

1. 「もめごと」を解決する方法の一つとして，中立公平な第三者を間にはさんでの話し合い（調停）という方法があることを学ぶ。
2. 模擬調停を体験することを通じて，間に入る第三者（調停員）に必要な次の二つの技能を身に付ける。
   ① 紛争の表面的な事実だけではなく，紛争の背景事情や当事者の心情にもよく耳を傾け，事実関係や紛争の原因を正確に確認する技能
   ② 紛争当事者が譲れる事柄と譲れない事柄を分析し，当事者双方が受け入れられる解決方法を創造的に考える技能
3. 社会生活を営むうえで避けられない「もめごと」の解決方法について，「もめごと」の当事者どうしが直接に話し合うことと比較したときの，調停の利点に気付く。

2. 授業の構成

■ 第1時
模擬調停の前半（紛争の表面的な事実だけが調停員に見えている状態）までを進め，単に第三者が間に入るだけでは当事者双方が納得できる解決案が出にくいことを経験する。

■ 第2時
紛争の背景事情や当事者の心情についての情報を調停員に与えて調停を続け，当事者双方が受け入れ可能な調停案を創造的に考え，その経験を通じて，当事者どうしが直接に話し合うことと比較したときの調停の利点に気付く。

3. 授業の解説

(1) 私的な紛争の解決方法について学ぶ意義

みんなが仲よく社会生活をやっていければいいのですが，世の中にはいろいろな人がいるので，どうしても「もめごと（紛争）」が起こってしまいます。「もめごと」が起こったときに，

それを解決しないままで放っておいたら，力の強い者や声の大きい者の言うことだけが通ってしまったり，人間関係が気まずいままになってしまったりすることもあるでしょう。

ですから，みんなが気持ちよく社会生活を送るためには，「もめごと」を避けようとするだけではなく，「もめごと」をうまく解決する方法を身に付けておく必要があります。

もちろん，一言で「もめごと」と言っても，いろいろな種類のものがありますし，「もめごと」の解決方法にも，いろいろな種類のものがあります。どのような「もめごと」についても，「このような方法をとれば必ず解決する」と言えるものはありません。しかし，だからこそ，いろいろな解決方法の選択肢を知っておくことが望ましいと言えるでしょう。

この授業では，「もめごと」を解決する方法の一つである「調停」を児童のみなさんに体験してもらい，その体験を通じて，「もめごと」の当事者どうしが直接に話し合う場合と比較したときの，次のような調停の利点に気付いてもらいます。

　ア．中立・公正だと信頼できる第三者に事情や気持ちを聞いてもらうことで，紛争当事者が感情的になったり過度に防衛的になったりせず，ありのままの情報を伝えやすくなる。
　イ．表面的な紛争事実だけではなく背景事情や心情についての情報が紛争当事者から出てくることによって，それまで見えてこなかった紛争解決の糸口がつかめることがある。

(2) 実社会の紛争解決制度

現実の社会では，様々な「もめごと」を解決するために，次のように，いろいろな紛争解決のための制度が用意されています。

【示談交渉】　裁判所などの紛争解決のための機関を利用せずに，当事者同士の話し合いで紛争を解決することを言います。それぞれの当事者が弁護士を代理人に立てて，紛争解決の専門家である弁護士同士で話し合いをすることもあります。

【調　　停】　紛争当事者の間に裁判所などの第三者が介入して双方の言い分を聞き，調停案を提案するなどして紛争の解決を図ることです。我が国の民事裁判制度上は，財産的な紛争を解決するための民事調停と，夫婦問題や遺産問題など家族・親族関係の紛争を解決するための家事調停が用意されています。

【仲　　裁】　ビジネス上の紛争など，その業界の専門的な知見を要する紛争の解決については，そのような専門的な知見を有する第三者（仲裁人）の仲裁判断に従うという当事者の合意（仲裁合意）に基づいて，仲裁人の判断（仲裁判断）によって紛争を解決する手続です。国際取引においては，取引契約書の中に仲裁合意が記載されることが多く，その場合には仲裁を行う国（仲裁地）も併せて合意されることが多いようです。調停案とは異なり，仲裁判断には強制力があります。

【(民事) 裁判】　民法や商法といった市民生活に関する法律（私法）を適用して市民どうしの間の生活関係に関する紛争を解決するための手続です。我が国の民事裁判制度上は，財産的な紛争を解決するための民事訴訟と，夫婦問題や遺産問題など家族・親族関係の紛争を解決するための人事訴訟が用意されています。仲裁判断と同じように判決には強制力がありますが，あ

くまでも法律に従って権利義務を判断する手続ですから,「100 かゼロか」の白黒をはっきりつける解決になりがちです。そのため,裁判手続の途中で裁判所が間に入って当事者の合意による解決が試みられることがあり,この手続のことを,裁判外での和解である示談と区別して「裁判上の和解」と呼びます。

(3) 調停の長所

この授業で子どもたちに実体験していただく紛争解決手続は,調停をモデルにした手続きです。調停は,示談交渉とは異なり紛争当事者の間に第三者が介入しますが,仲裁や裁判とは異なり,調停案には強制力がなく,あくまでも紛争当事者の納得と合意による解決を図るものです。そのため,合意されたことの履行が確実になされることが多いという長所があります。また,法律に沿った「白か黒か」という解決ではなく社会常識に沿って双方が譲り合うような解決が可能であるという長所もあります。

他方,それだけに調停人には,公平な立場で両当事者の言い分によく耳を傾け,事実関係を正確に把握し,紛争の核心がどこにあるのかを的確に理解したうえで,双方ともが納得できる解決案を自由な発想で創造的に考案することが求められます。このような解決方法による紛争解決を模擬体験することは,公正な態度,事実関係の分析能力,両当事者の納得を得るための説得技能といった実社会では不可欠な資質の育成につながることでしょう。

(4) 児童のみなさんに学んでほしいこと

世の中では,なぜ「もめごと(紛争)」が起こってしまうのでしょうか。

私たちの社会では,個人は個人として最大限に尊重されるという考え方が採られています。これは,一人ひとりの人間が「その人らしく」生きることができるということであり,我が国の憲法にも,この考え方が明記されています。

人それぞれが互いに尊重し合って生活していけば「もめごと」は起こらないとも思われるかもしれませんが,人それぞれの考えは違うので,どうしても,ある人が「自分らしい」生き方をしようとすると,他の人の「その人らしい生き方」と衝突してしまうことが起こります。つまり,私たちの社会においては「もめごと」は避けることができないのですが,そのこと自体は,決して悪いことでも避けるべきことでもなく,むしろ,一人ひとりの人間を尊重しようとする以上は当然のことなのです。悪いのは,「もめごと」が起こることではなく,起こってしまった「もめごと」を解決しようとしないで放置することです。「もめごと」をそのまま放置すると,結局は,力の強い人や口が上手な人の利益だけが優先されてしまって,弱い人の「自分らしい生き方」がないがしろにされてしまうことになりがちです。そのため,けんかにならないように上手に紛争を解決する必要があるのです。世の中に,裁判・調停・仲裁など多様な紛争解決制度が用意されているのは,「もめごと」の性質に応じて,より適した手段を選択することができるようにということです。

それらの紛争解決制度のうち,この授業で児童のみなさんに体験していただく「調停」の利

点は，調停案に強制力がないことの裏返しとして，紛争当事者双方が一応は納得できる解決を導き出せることです。しかし，そのためには，ただ第三者（調停員）が間に入りさえすればよいということではありません。紛争の相手方に対しては，自分の弱みを見せたくないとか信用できないとかいう理由で率直に話ができない内容のことであっても，調停員には信頼して話ができるということが紛争解決のためには最も重要です。調停員の仕事は，裁判のように「勝ち・負け」を決めることではありません。公正で中立的な立場の第三者として紛争当事者から信頼され，紛争の背景事情や心情にまで踏み込んだ率直な情報を紛争当事者から提供してもらうことが重要です。人間は誰でも，自分を裁こうとする人に対しては身構えますから，調停員は，裁こうとするのではなく傾聴しようとすることが大切です。そして，そのことによって紛争当事者から率直な情報が提供されたとしたら，各当事者が「ここだけはどうしても譲れない」と思っている部分と「譲歩してもよい」と思っている部分を分析し，それまで見えていなかった解決案の糸口を見いだすことができることもあるでしょう。

　この授業では，児童のみなさんには調停員（解決案を提案する人）の立場で「もめごと」の解決案を考えてみてもらいます。そのためには，まず，「もめごと」の当事者の両方から公平な立場で言い分をよく聞かなければなりません。それぞれが何を不満に思い，何を希望しているのかをていねいに聞いてよく考えてあげれば，きっと双方が納得できる解決案が思い浮かぶのではないでしょうか。しかし，この授業の目的は，双方が納得できる解決案を出すことではありません。そのためのプロセスを体験し，そのための技能を身に付けることです。

　上手に「もめごと」を解決するための技能を身に付けることの利点は，「もめごと」を自分たちで何とか解決できるという自信がつくと，「もめごと」が起こることが怖くなくなるということです。「もめごと」を怖がっていると，どうしても「こんなことを言ったら，もめごとになってしまうかな？」などと考えて，言いたいことも言えなくなってしまいますね。しかし，それでは，一人ひとりが「自分らしい生き方」をしているとは言えません。「もめごと」の上手な解決方法を身に付けておけば，社会に出てからも，「もめごと」を必要以上に怖がらずに，言うべきことは言い，譲るべきところは譲るという生き方ができることでしょう。

第1時

模擬調停（前半）を体験する

1. 本時の目標

1. 「もめごと」を解決する方法の一つとして，中立公平な第三者を間にはさんでの話し合い（調停）という方法があることを学ぶ。
2. 模擬調停の前半（紛争についての表面的な情報しか得られていない状態）までを体験し，そのような状態の中でも中立かつ公正な立場で当事者双方の言い分に傾聴する態度を示すことを通じて，紛争当事者との信頼関係を築く。

段階	学習活動	指導上の留意点
導入 【5分】	○各自が，これまでに出合った「もめごと」を思い出して，その「もめごと」を解決した方法を発表する（「もめごと」の内容は発表しない）。	★模擬調停に入る導入として，いろいろな「もめごと」の解決方法があることを確認する。 ★次のような発表が想定されるので，必要に応じて板書する。 ・相手と話し合って解決した。 ・先生，友人などに相談して，間に入ってもらって話し合って解決した。 ・親，先生などに解決してもらった。 ・解決できなかった。 ★解決できなかった場合は，そのことでどんな気持ちになったかを尋ねる。
展開（1） 【10分】	○「もめごと」の解決方法の中に「調停」という方法があることを学ぶ。 ○三つのグループ（Aさんグループ・Bさんグループ・調停員グループ）に分かれる。	★「調停」について次の点を説明する。 ・話し合いによる解決であること。 ・公平な第三者が間に入って，話し合いによる解決のお手伝いをすること。 ★ワークシートを全員に配布し，各チームの役割を説明する。 ★Aさん，Bさんグループには，それぞれの「基本カード」を配布し，自分たちがどんな要求をしたいのかを検討する。 ★調停員グループは双方の「基本カード」に目を通し，紛争の状況を把握する。
展開（2） 【25分】	○調停手続開始 調停員が司会進行役として，ABのグループから個別に事情を聞く。具体的な流れは以下の通り。 調停1回目 ・調停員によるAからの聞き取り ・調停員によるBからの聞	★調停員グループには，まず，何をしなければいけないかを理解させる。特に，当事者役に対して責任追及するようなことのないように，中立的な立場で事情を聞かなければならないことを指導する。 ★個別に話を聞くこととなる関係で，当事者グループそれぞれを，相手の話が聞こえない場所に配置する（他の教室に迷惑にならないようであれば，相手方当事者のグループが調停員に話を聞いてもらっている間，他方当事者グループ

		取り	を廊下で待機させるなど）。 ★当事者グループには，当事者になりきって話をするよう指導する。
		・調停員において解決案を検討 （この間，各当事者グループは「気持ちカード①」を受け取り，調停2回目で何を希望するかを考える）。 ・調停員から最初の解決案提示。 ・各当事者グループにおいて納得できるかどうかを検討し，調停員に回答。	★当事者グループに，それぞれの「気持ちカード①」を渡す。
まとめ 【5分】		○次回の調停に向けての準備 ・どの点について意見が対立しているのかを全員が共有する。	★第1回調停の段階におけるAさんグループの言い分，Bさんグループの言い分，最初の調停案を板書する。

第2時

模擬調停（後半）を体験する

1. 本時の目標

1. 前模擬調停の後半（紛争の背景や当事者の心情）についての新たな情報を提示し，事実関係や紛争の原因を正確に確認したうえで，紛争当事者が譲れる事柄と譲れない事柄を分析し，当事者双方が受け入れられる解決方法を創造的に考える。
2. 社会の中で起こる「もめごと」を解決する制度（調停，仲裁，裁判）のうち，「もめごと」の当事者どうしが直接に話し合うことと比較したときの調停の利点に気付く。

段階	学習活動	指導上の留意点
導入 【5分】	○前時の時点における当事者双方の言い分と，調停員からの最初の調停案を確認する。	★前時に配布したワークシートの記載内容を各自に確認させたうえで，前時の最後に板書した内容を再び板書して，全員が情報を共有する。
展開（1） 【15分】	調停2回目 ・「気持ちカード①」を踏まえた調停員によるＡの事情聴取 ・「気持ちカード①」を踏まえた調停員によるＢの事情聴取 ・調停員による第2回の解決案の検討。 （この間，各当事者グループは「気持ちカード②」を受け取り，調停3回目で何を希望するかを考える。） ・調停員から第2回の解決案提示。 ・各当事者グループにおいて納得できるかどうかを検討し，調停員に回答。	★調停員グループと当事者グループに対して，前時の注意事項を再確認させる。 ★前時に配布したワークシートは手元に持たせたまま，新しいワークシートを配布し直す。 ★当事者グループに，それぞれの「気持ちカード②」を渡す。
展開（2） 【20分】	調停3回目 ・「気持ちカード②」を踏まえた調停員によるＡの事情聴取 ・「気持ちカード②」を踏まえた調停員によるＢの事情	

	聴取 ・調停員による最終解決案の検討。 ・調停員から最終解決案の提示。 ・各当事者グループにおいて納得できるかどうかを検討し，調停員に回答。 ○次第に双方が納得できる解決案に近づいていく過程を体感する。	★「気持ちカード」を順次渡すことにより，より歩み寄りがしやすい条件設定が可能になる。 例えば，「気持ちカード②」を前提とすれば，「懸賞応募ハガキだけAに渡す」，「Bが巻頭カラーの連載を読み終わるまでAが待つ」というような解決案が考えられるかもしれない。 ★最初の解決案との違いを確認させる。
まとめ 【5分】	○当事者双方が納得できる解決案を出するために，何が役に立ったか発表する。	★調停という紛争解決方法の利点に意識を向けさせる。

2. 第1時・第2時 ワークシート

どんなもめごとがあったのか聞き出そう♪
～どんなことでもめているのかな？～

○ つき山でAさんとBさんが何か言い争っています。

Aさん：「返してよ。」
Bさん：「やだよ。」

① 何が言い争いの原因(げんいん)ですか？

② AさんとBさんに事情(じじょう)を聞いてみましょう。
　(1) Aさんは，どう言っていますか？

　(2) Bさんは，どう言っていますか？

　(3) なにか解決案(かいけつあん)がありますか？

　(4) その解決案(かいけつあん)は，AさんもBさんも納得(なっとく)できるものですか？

　(5) AさんやBさんからもっと聞きたいことがありますか？

3. 第1時・基本カード

Aさん　基本カード

　Bさんとは，同じクラスの仲よしの友達なんだ。
　ぼくの家は，本屋さんのとなりで，発売日にすぐ買いに行けるから，まっさきにまんがを読んじゃうんだ。
　それでいつも読み終わったまんがを，次の日に友達のだれかに貸してあげるんだけど，今日はBさんに貸してあげたんだ。
　だけど，返してもらわなきゃならなくなって，Bさんに返してって言ったら……。

Bさん　基本カード

　Aさんは，オレの親友でいつもまっさきに読み終えたまんがを貸してくれるんだ。
　今日も学校にきて，すぐに今日発売のまんがを貸してくれて，ほんとにとってもいいやつなんだ。
　授業が終わって，楽しみにしていたまんがを読み始めたところへ，急にAさんが「返して」って言ってきて……せっかく読み始めたのに……。

4. 第1時・気持ちカード①

Aさん　気持ちカード①

○　「しばらく貸してあげる」って言っただけなのに……。

○　このまんが，みんな持ってるよ。だから，もっと読みたいなら，他の人から借りたっていいし，本屋で買ってもいいじゃないか。

○　でも，Bと仲が悪くなっちゃうのもいやなんだよな。

Bさん　気持ちカード①

○　「貸してあげる」って言ったじゃないか。まだ読み終わっていないんだよ。

○　みんなが持ってるまんがなんだったら，オレに「早く返せ」なんて言わなくても，早く読みたいなら他の人から借りて読んだっていいんじゃないのかな。

○　でも，「もう貸してやらない」って言われたら困るな……。

5. 第2時・気持ちカード②

Aさん　気持ちカード②

○　ぜったいに早く返してもらわないと困(こま)るんだ。

○　どうしてかというと，こんなことははずかしくて言いたくなかったんだけど，ふろくについているおうぼはがきで，「読者全員プレゼント」におうぼしたいんだよ。

Bさん　気持ちカード②

○　今，いちばん好きなまんがを読んでるところなんだよ。

○　巻頭(かんとう)カラーのれんさいだけは最低でもゆずれないよ！

No. 5　☑高学年　☑道徳・総合的な学習の時間・特別活動

なぜ「きまり」を守らなければいけないの？
―「きまり」（法）と権威の必要性を学ぶ―

1. 授業の目標

1. 社会生活における「きまり」の必要性に気付く。
2. 「きまり」が守られるための前提条件として，
   ①その「きまり」で何を保護しようとしているのか（「きまり」の必要性）。
   ②みんなを「きまり」に従わせる正当な力の存在がどこにあるか（権威の必要性）を理解する。
3. 身近な「きまり」と権威についての見方・考え方が，社会における「法」一般の見方・考え方に通じていることを理解する。

2. 授業の構成

■ 第1時
日常の社会生活にある「きまり」を発見して，「きまり」の必要性を理解する。

■ 第2時
具体的な事例を通じて，みんなを「きまり」に従わせる正当な力（権威）の根拠について考え，身近な「きまり」と社会における「法」の関係を理解する。

3. 授業の解説

(1) 社会生活において「きまり」が必要とされる理由

　子どもたちは，成長するにつれて，様々な集団生活を経験することになり，そこで，いろいろな「きまり」に出合うことになります。小学生の日常生活においても，通学のときには道路の端を右側通行する，道路を渡るときには青信号を待って渡る，学校では先生から与えられる課題をこなしたり給食当番や掃除当番を分担したりする，放課後に校庭で遊ぶときには危険なことをせずに閉門時間内に帰る，使ったものはもとあったところに返す，といったように，多くの「きまり」に子どもたちは接しています。

　子どもたちは，これらの「きまり」が自分自身の安全を守ることに役立っていたり，自分の

所属する集団を安全で過ごしやすい集団にするために役立っていることに，きっと気付いているに違いありません。

「きまり」のない社会というのを真剣に想像する機会は少ないかもしれませんが，上述のような「きまり」が全くない社会生活や学校生活を想像してみると，交通事故が多発したり，必要な仕事をする人が誰もいなくなったり，自分のものやみんなのものが頻繁になくなったりして，安心で安全な生活がおくれなくなることくらい，子どもたちは感じ取っていることでしょう。

そして，このような「きまりのない社会」の大きな問題点は，強い者による弱い者に対する「力による支配」がまかり通ることにあります。学校生活で言えば，他人に暴力を振るってはいけないという「きまり」がなければ，「いじめっ子」による暴力を誰も止めることができないでしょうし，広く世界を見渡してみると，このような「きまりのない社会」に近い社会が現実に存在していることが新聞やテレビで報道されています。我が国においても，「ブラック企業」と呼ばれるような労働関係のルールを一切無視しているような企業は，「きまりのない集団」に近いと言えるかもしれません。

(2)「きまり」を守らせる力（権威）の必要性

上述の「ブラック企業」の例からも分かるように，「きまり」自体には何ら問題がないのに，「きまり」に従わない人がいるということも社会ではよく見られることです。そして，そのことは，多くの場合において，強者の弱者に対する「力による支配」を意味します。「人の支配」に対して「法の支配」という言葉があるように，そもそも民主主義社会における「きまり」とは，強者の弱者に対する「力による支配」を防ぐためのものだからです。

そこで，公正な社会を実現するためには，「きまり」に従わない人を無理やりにでも従わせる必要が出てきます。もちろん，このことは，どんな「きまり」にも盲目的に従えということを意味しません。「きまり」の内容が正義・公正に適ったものであるかどうかをみんなで吟味し，不公正な「きまり」は民主的な手続きで変えていく必要があることは当然です。しかし，そのように民主的に作られた「きまり」が自分にとって都合が悪いからといって，これを守らない人がいるときに，その人を「きまり」に従わせる力をもった人がいなければ，せっかく作った「きまり」が画に描いた餅になってしまいます。

そこで，私たちの社会は，「きまり」に従わない人を従わせる「力」の存在を認めています。この「力」を「権力」と言います。権力とは，他者の行動に影響や統制を与える力のことです。

ただし，権力は自分勝手にもてるものではありません。また，軍事クーデターのように暴力で奪い取ってよいものでもありません。ある人が権力を行使するためには，それを行使できる正当な理由が必要です。例えば，ある地位に立つ人が行使できる権力の内容があらかじめ「きまり」によって定められており，その地位に立つ人が選挙など何らかの公正な方法で選ばれている，といったことです。このように正当な理由で根拠づけられた権力のことを「権威」と言います。

とはいえ，権力や権威という言葉や考え方自体が難解ですので，ワークシートでは，権威という言葉自体は用いていません。この授業では，身近の生活の中に題材を採り，他人を「きまり」に従わせることができる人（権威者）の存在に着目させたうえで，どうしてその人が他の人を「きまり」に従わせることができるのか（権威をもっているのか）を考えてもらうことを通じて，権威の必要性とその正当性の根拠を考えてもらいたいと思っています。

(3) 権威の正当性の根拠

歴史的には，多くの時代・多くの国において，権威の正当性の根拠としては「神」が用いられてきました。王権神授説のように，特定の人間が宗教的な権威を借りるという形です。しかし，近代社会は，社会的権威と宗教的権威を厳格に切り離す（政教分離）ところからスタートしました。権威の源泉には種々のものがありますが，近代社会において広く承認されている権威の源泉（正当性の根拠）は社会構成員の「合意」です。学校生活に例をとれば，児童会長がもつ権威は「選挙によって選ばれた」という点に求められることになります。

もっとも，実際には，権威の正当性の根拠は，必ずしも分かりやすいものばかりではありません。例えば，学級担任の先生が学級の子どもたちに対してもっている権威の源泉（正当性の根拠）を考えてみると，子どもたちが選挙で担任の先生を選んでいるわけではありませんから，教育基本法などの様々な「きまり」を参照しなければなりません。そして，それらの「きまり」は，国，地方公共団体などの何らかのレベルの集団において民主的に定められており，または，民主的に定められた「きまり」に基づいて校長先生などの上位の権威者が定めているはずです。そのことにより，学校教員の権威に対する（子どもたち自身を含む）社会構成員の「合意」が擬制されているわけです。

とはいえ，重要なことは，民主主義社会においては物理的な実力や宗教的権威ではなく究極的には社会構成員の「合意」に権威の正当化の根拠が求められるということです。

「きまり」には様々な種類のものがありますが，「きまり」の大きな役割の一つは，権威ある地位と権威の内容（その地位にある人に何ができるか），その地位に就く人をどのように選ぶか，といったことを民主的に定めておくことです。この種の「きまり」を組織法と呼びますが，憲法で言えば「統治機構」と呼ばれる一連の条項が国レベルの組織法ですし，会社で言えば株式会社法や定款の大部分の条項が組織法に当たります。

(4) 児童のみなさんに学んでほしいこと

この授業のねらいは，子どもたちにとって「きまり」が当然・自明のものとして存在しているのではなく，何らかの社会生活上の必要のために存在しているものであることに気付かせ，「きまり」が守ろうとしているものが何かを考えてもらうこと，また，「きまり」を社会の中で通用させる正当な権力，すなわち権威の存在に気付いてもらうことにあります。第2時では，体育の授業での「審判」という児童に身近な素材を例にして「きまり」と審判の権威を考えてもらいますが，その後の展開にある「警察官」の例のように，広く社会生活一般の中における

「きまり」と権威についても考えてもらいたいと思っています。

　日本国憲法前文は，「そもそも国政は国民の厳粛な信託によるものであって，その権威は国民に由来し，その権力は国民の代表者がこれを行使し，その福利は国民がこれを享受する」と定めています。国政の権威の源泉は国民に由来するとされ，その権力は，民主主義のもとで，国民が権威を託した代表者（国会議員や地方議会議員）が民主的に定めた「きまり」（法律や条例）に基づいて行使されるのです。

　小学校は，子どもたちが民主主義を最初に学ぶ場です。生活科・社会科の獲得目標に，民主主義を支える成員の育成という公民教育に欠かせない目標があります。

　大人と子どもが一緒になって，法やルール，「きまり」が人ごとのように自分の無関係なところで他人によって作られるのではなく，自分たち自身が共同生活を安全で円滑に営むための「共生の作法」として作ったり作り替えたりしていくものであることに気付き，「きまり」のない社会や「きまり」が守られない社会を想像してみながら，持続可能で安定的な市民社会を作り上げるために，「きまり」と権威を用いる技能や態度を養う授業になることを願っています。

第 1 時

身近な「きまり」の必要性を考えよう

1. 本時の目標

1. 身近な生活の中に「きまり」の存在を発見し、どうして自分はその「きまり」を守ったか（場合によっては「破ったか」でもかまわない）を発表する。
2. その「きまり」がなかったら自分（たち）はどうなるかを考え、「きまり」の必要性に気付くとともに、他の児童と「きまり」についての共通体験をもつ。

段階	学習活動	指導上の留意点
導入 【5分】	○これまでに「きまり」についての経験（「きまり」を守った、または守らされた、場合によっては破った）を思い出して発表する。	★板書する場合は、家庭→学校→社会という、子どもの活動の発達段階にそった形で、学校でのきまり、家でのきまり、学校や家以外（社会）でのきまりの三つに分けて書く。この時点で社会でのきまりも回答されている場合、展開（3）につなげるため、板書しておくとよい。
展開（1） 【5分】	【ワークシート①を配布】 ○昨日と今日、学校や家であった「きまり」（約束）に関することを思い出し、思い出した「きまり」（約束）を発表する。	★予想される回答として ・体育の授業の際に「きまり」があった。 ・そうじ当番や給食当番の割当があった。 ・就寝時間が決まっていた。 ★展開（2）で取り上げる「きまり」については、児童の回答の中の最大公約数的なもの、児童が特に興味をもっているものなどを選ぶ。
展開（2） 【12分】	○展開（1）で挙げられた「きまり」を守った理由を考える。 ○「きまり」を守ることで、どのようなよいことがあったかを考える。 ○これらの「きまり」がなかったときのことを考える。	★その「きまり」が、何かの役に立つためにあることに意識を向けさせる。 ★予想される回答として ・サッカーで怪我をせずにすんだ。 ・サッカーで楽しく公平に試合ができた。 ・自分にばかり面倒なことを押しつけられずに済んだ。 ★これらの「きまり」がない場合を想像させ、「きまり」自体の必要性に気付かせる。 ★「きまり」を守ることでよかったことの裏返しの発言が期待されるが、教師からの誘導があってもよい。例えば、 ・もし、家庭に「きまり」がなかったら（家庭ごとの事情があると思われるので、発言した児童の回答を尊重したい）。 ・もし、学校や学級に「きまり」がなかったら、いじめや自分勝手が通ってしまう。

展開（3） 【5分】	【ワークシート②を配布】 ○家から学校に来るまでの間，どんな「きまり」があったか，思い出してみて発表する。	★家庭や学校と同じように，社会の「きまり」について目を向けさせる。 ★予想される回答として ・通学路で右側通行した。集団登校した。 ・横断歩道を渡った。 ・道路にゴミを捨てるな。 ★発言がなければ，教師が自分の経験から具体例を挙げて発言を引き出す。
展開（4） 【13分】	○展開（3）で挙げられた「きまり」を守ったか，理由を考えて発表する。 ○「きまり」を守って，どのようなよいことがあったかを考える。 ○これらの「きまり」がない社会を想像させ，「きまり」自体の必要性に気付かせる。	★その「きまり」が，何かの役に立つためにあることに意識を向けさせる。 ★予想される回答として（展開（3）の例に対し） ・車にはねられず怪我しないで学校に行けた。 ・街が汚くならずにすんだ。 ★「きまり」を守ってよかったことの裏返しの発言が期待されるが，教師からの誘導があってもよい（「もし社会に『きまり』がなかったら生命の危険が生じたりして安心して生きていくことが難しくなる」等）。
まとめ 【5分】	○「きまり」を守らなければいけないと思う理由を振り返る。	★「きまり」は，自分たちが安全・安心な生活を送るために必要なものとして自分たちで作っていくものであり，誰かが他人を従わせるために勝手に作るものではないことを，児童各自の経験にもとづいて想像力と共感によって気付かせる。

2. 第1時・ワークシート①

「きまり」があるのはなぜだろう①

1. 昨日や今日のできごとで，家の中や学校でどんな「きまり」を守って1日を過ごしたか，思い出してみましょう。

   思い出した「きまり」

その「きまり」はどうしてあるのでしょう。

   その「きまり」を守ってよかったことは何でしょう。

   その「きまり」を守らなかったら，どういうことになっていたでしょう。

3. 第1時・ワークシート②

「きまり」があるのはなぜだろう②

2. 家の中や学校以外のところで，どんな「きまり」があったか，思い出してみましょう。

> 思い出した「きまり」

その「きまり」はどうしてあるのでしょう。

> その「きまり」を守ってよかったことは何でしょう。
>
>
> その「きまり」を守らなかったら，どういうことになっていたでしょう。

第2時

みんなを「きまり」に従わせる「正しい力」について考えよう

1. 本時の目標

1. 前時に学んだ「きまり」の必要性を前提に、みんなを「きまり」に従わせる正しい力（権威）について身近な設例をもとに理解する。
2. 社会の中でみんなを「きまり」に従わせる正しい力（権威）も同じ考え方で理解できることに気付き、人権の基礎にある個人の尊重と民主主義の考え方の習得の基礎を作る。

段階	学習活動	指導上の留意点
導入 【5分】	○前時に児童が発見した「きまり」の中から、学校のルールや社会のルールを整理して確認する。	★第1限で出てきた「きまり」を大きく家庭・学校・社会のルールで分類し、学校のルールと社会のルールを再確認して第2時のワークシートの話題につなげる。学校のルールは体育に関するルールに集約していくと審判の話につながりやすく、社会のルールは交通に関するルールに集約すると警察官の話につながりやすい。
展開（1） 【15分】	【ワークシート①を配布】 ○審判に選ばれた人にどうして従うのかについて、どれでもよいので、共感を覚えるものを選択して、その理由を発表する。 ○みんなで意見を出し合い、スポーツで審判の判断に従う理由を考え、発表する。	★ア・イ・ウいずれも権威について正しい面をもっているので、まず、その中の一つを児童に考えさせる。誰も選ばない選択肢については、教師の側から答えを示すこともあり得る。 ・アであれば、この人の言っていることそのものに従える・共感できること。 ・イであれば、みんなに「きまり」を守らせる人を作らないとゲームが成り立たない。 ・ウであれば、権威を与える権限のある上位の権威者から役割を任されている。 ・その他の回答もあり得る（審判がいるのが当たり前＝習慣になっているなど）。 ★権威の根拠が道徳や尊敬に基づく場合もあれば「きまり」によることもあり、あるいは、上位の権威者から委託を受けたという場合もあることに気付かせる。
展開（2） 【20分】	【ワークシート②を配布】 ○社会の中でみんなを「きまり」に従わせる立場にある人（権威者）がいないか考えて発表する。	★社会の「きまり」も家庭や学校の「きまり」と何ら違いのない考え方で成り立っていることに気付かせ、改めて社会における権威の必要性と正当性の根拠を考えさせる。

まとめ【5分】	○「きまり」の必要性と権威の必要性を再確認する。○学校や家庭での「きまり」や権威も，社会や国の「きまり」や権威も同じ考え方で理解できることを確認する。	★展開（1）～（2）の児童の各発言をまとめ，このような考え方を自分たちの生活にどう活かすかを確認する。

2. 第2時・ワークシート①

しんぱんの判断に従うのはどうして？

体育の授業でサッカーをしています。
しんぱんに選ばれた人のいうことは絶対です。
実際，テレビでちゅうけいされる大きな大会でも，しんぱんの判断に納得がいかなくても，その場はしんぱんの言うことに選手は従っています。しんぱんの判断に文句を言う人は退場させられたりすることもあります。
なぜしんぱんに選ばれた人は，みんなに「きまり」を守らせることができるのでしょうか。

1 次の中から，しんぱんに選ばれた人が，どうしてみんなに「きまり」を守らせることができるのか，自分の考えに近いものを選んでみましょう。

　ア　しんぱんに選ばれた人は，サッカーのルールをよく知っている。
　イ　しんぱんに選ばれた人がいないと，サッカーのゲームで，ずるをする人が現れたり，声の大きい人の意見が通ってしまったりして，ゲームにならない。
　ウ　しんぱんに選ばれた人は，授業をしている先生からしんぱんをするように選ばれた人だし，ちゅうけいで見るような大会の試合のしんぱんも，その大会を行っている人から選ばれている。

2 どうしてあなたは，ア・イ・ウの中から，それを選んだのでしょうか。
　選んだ理由は何ですか。
　またア・イ・ウのほかに思いつくものがあれば書いてみましょう。

3 グループのみんなは，どのような意見でしたか。

3. 第2時・ワークシート②

警察官に従うのはどうして？

> 交通整理をしている警察官が，信号を無視したりする人を止めたり，猛スピードを出している車を追いかけてつかまえたりしています。

1 警察官が，「きまり」を守らない人に対して「きまり」を守らせることができるのは，なぜなのでしょうか。

警察官が「きまり」を守らせることができる理由

2 警察官以外にも，学校以外の場面で「きまり」を守らせることができる人はいないでしょうか。また，その人が他の人に「きまり」を守らせることができる理由は何でしょうか。

学校以外の場面で「きまり」を守らせることができる人

その人が他の人に「きまり」を守らせることができる理由

No. 6 ☑高学年 ☑道徳・総合的な学習の時間・特別活動

リーダーを選ぼう！
―リーダーを民主的にコントロールすることを学ぶ―

1. 授業の目標

1. 集団におけるリーダーの必要性に気付くとともに，その地位にふさわしい人をリーダーに選ぶことの必要性を理解する。
2. ふさわしい人をリーダーに選ぶ方法として，選挙があることを理解する。
3. ①「判断する力」があるか，②「まとめる力」があるかという二つの「ものさし（判断基準）」を用いて，リーダーにふさわしい人かどうか判断するとよいことを理解し，これらの「ものさし」を使いこなして投票行動に参加できるようになる。

2. 授業の構成

■ 第1時
ライオン・シマウマ・ゴリラの群れの事例から，リーダーの選び方を習得する。

■ 第2時
サルの群れの事例を用いて，リーダー選びを体験する。

3. 授業の解説

(1) 社会の中のリーダー

人間は社会的動物です。そのため，私たちは，学校・会社・地域・国家など社会のあらゆる領域で，実に多くの集団を形作っています。

こうした集団の中には，たいてい，集団を引っ張るリーダーの姿を見いだすことができます。

例えば，学校にあっては，班長やクラス委員，キャプテン・主将，校長など，地域にあっては，町内会長・団体代表など，職場にあっては，社長・部長など，国・自治体にあっては，総理大臣・最高裁判所長官・県知事・市長など枚挙にいとまがありません。

(2) リーダーの必要性

それでは，どうして，こうした集団の中にリーダーの姿を見いだすことができるのでしょう

か。言い換えると、どうして、集団にはリーダーが必要なのでしょうか。

　集団には様々な意見や利害をもった人々が参加しています。そのため、ときにメンバー同士が対立することがあります。このようなときに、リーダーがいると、これらの多様な意見や利害を上手に調整して、メンバー一人ひとりの自由や安全その他の利益を守りながら、紛争を上手に解決することが期待できます。また、リーダーが集団を適切な方向に導いていけば、より望ましい結果を獲得でき、メンバーの生活の質が向上していくことにもつながるでしょう。

　集団全体にとっても、また集団に属する個々のメンバーにとっても、リーダーはとても重要な存在なのです。

(3) リーダーをコントロールする必要性と方法

　以上のような役割をリーダーが果たすときに、欠かすことができないのが「きまり」という視点です。リーダーは、メンバー同士の対立の調整が困難なときに、最終的には、その集団の「きまり」にもとづいて利害を調整しなければならないのであり、自分の好き嫌いや個人的な信念を集団のメンバーに押しつけることができるわけではありません。言い換えれば、集団のメンバーがリーダーに与える最も大きな「力」は、その集団の「きまり」を集団の中で現実に通用させる「力」です。したがって、私たちがリーダーを選ぶということは、私たちの社会の「きまり」が正しく（公正に）用いられるかどうかに直結することになります。

　このように重要なリーダーの在り方について、私たちは積極的な関わりをもたなくてもよいのでしょうか。

　例えば、リーダーがその地位にふさわしい資質を十分にもち合わせていないと、能力不足だったり無気力だったりする結果、集団は十分に目的を達成できないかもしれません。また、私たちがリーダーの在り方に無関心でいると、リーダーが独善的になって暴走したり、自分に与えられた力を濫用してリーダー個人の利益を図ったりする結果、メンバーの権利や利益を害してしまうことすらあるかもしれません。つまり、法律やルールが十分に機能しなかったり恣意的に濫用されたりして、「法の支配」が貫徹されなくなる危険さえ生じかねないのです。

　そこで、このような困った事態を防ぐために、私たちがリーダーを適切にコントロールしていくことが重要になってきます。

　そのための具体的な方法として、まず、リーダーを選ぶ段階で、ふさわしい資質をもった人をリーダーに選ぶという方法があります。これはリーダーに対する事前の民主的コントロールということができます。実社会にあっては、選挙制度がまさしくこれに当たります。

　他方、リーダーを選んだ後も、私たちは、リーダーに自分たちの意見や要望を伝えるとともに、リーダーが不適切な行動をしていないかどうか絶えず監視し続けなければなりません。また、それでもリーダーが行動を改めない場合には、リーダーを解任することも考えなければならないかもしれません。これらの方法は、リーダーに対する事後の民主的コントロールということができます。実社会にあっては、日常的にリーダーに意見を伝えることがそうした活動にあたりますが、制度化されたものとしても、例えば、請願制度、オンブズマン制度、リコール

制度などが挙げられます。

本教材では，リーダーをコントロールする方法のうち事前の民主的コントロールのみを扱っていますが，教員の先生方には，事後の民主的コントロールのことも頭に入れたうえで授業に臨んでいただきたいと思います。

(4) リーダーに求められる資質

それでは，私たちは，どのような資質をもった人をリーダーに選べばよいのでしょうか。

社会に存在する集団は，実に多様で，それぞれに個性や特徴をもっていますから，あらゆる時代のあらゆる集団に当てはまる普遍的なリーダーの資質を掲げることは困難です。学校と国ではリーダーに求められる資質は当然違ってくるでしょうし，同じことは，発達段階の異なる小学校と中学校の間でも言えるでしょう。

本教材では，「判断する力」があるか，「まとめる力」があるかという二つの資質を「ものさし（判断基準）」として挙げていますが，当然，これ以外の「ものさし」も考えられるところです。「ものさし」には唯一の正解はありません。大切なのは，どのような「ものさし」を用いたかではなくて，「ものさし」を使いこなしてリーダーを選ぶプロセスそのものなのです。

(5) 「ものさし」は満点でなくてもよい

そのうえで，一つ注意いただきたいのは，これらの「ものさし」で満点を取れる人だけをリーダーに選びましょうとは言っていないという点です。人間は誰しも長所と短所をもっていますから，そのような厳しい基準では世の中からリーダーはいなくなってしまいます。これらの「ものさし」は，候補者を比較検討するために用いるべきものなのです。

とりわけ，小学校段階では，たとえ現時点で十分なリーダーシップをもち合わせていなかったとしても，リーダーに選ばれた児童の長所を伸ばしながら欠点を補うことで，誰もがリーダーシップを身に付けられるような指導をすることが求められます。

それと同時に，リーダーに選ばれなかった児童たちについても，フォロワーシップを身に付けさせて集団に積極的に関わっていく力を伸ばしていきたいものです。たいてい，よきフォロワーは，よきリーダーともなれるものです。

(6) 理由を考えて投票できることが大切

本授業では，サルの群れのリーダーを選ぶという体験をさせています。しかし，「判断する力」はあるものの「まとめる力」が不足しているサルと，「まとめる力」はあるものの「判断する力」が不足しているサルのどちらがリーダーにふさわしいかという問題について，正解はありません。

本教材の最大のねらいは，自らの投票行動について，児童が自分なりの理由付けを考えるというプロセスを踏んだ上で，主体的・能動的に投票行動に参加する点にあります。したがって，児童が自らの投票行動について理由付けが合理的に説明できるのであれば，授業のねらいは達

成できたと言えます。

　児童には，ジレンマの中で思い悩む経験をすることを通して，法的価値・考え方にもとづいて，判断し，表現し，思考する力を伸ばしてほしいと思います。

(7) 児童のみなさんに学んでほしいこと

　多くの児童にとって，とかくリーダーはめんどうくさいという思いをもつものでしょう。しかし，リーダーシップを適切に発揮することで何かを達成する，あるいはメンバーに喜んでもらえるという経験は，何者にも代え難いやりがいを与えてくれるものです。

　本教材でリーダーの選び方について学んだら，次は，実際に自分がリーダーになることにも積極的に挑戦してみてほしいと思います。そのとき，本教材で学んだことがらは，よいリーダーシップ像を考えるうえでのヒントにもなり得るはずです。

第**1**時

リーダーの選び方を考えよう

1. 本時の目標

1. 社会の中には多数のリーダーがいることと，そうしたリーダーの必要性を理解する。
2. リーダーをコントロールする必要性と，リーダーをコントロールする方法として，自分たちのリーダーを自分たちで選ぶ（選挙）という方法があることを理解する。
3. リーダーにはふさわしい資質をもった人を選ぶ必要があること，及び，そのためには，①「判断する力」があるか，②「まとめる力」があるかという「ものさし」（判断基準）を用いて判断するとよいことを習得する。

段階	学習活動	指導上の留意点
導入 【5分】	○日常生活や社会の中からリーダーを探す。	★学校の中だけでなく，地域や会社，国などからも広くリーダーを挙げさせるとよい。
展開(1) 【10分】	○リーダーの必要性を考える。 ・「リーダーになりたいか。どうしてそう思うのか。」 ・「リーダーになりたくない人もいるけれど，リーダーはいなくてもよいのだろうか。」 ・「どうしてリーダーがいないと困るのだろう。リーダーがいると，どんなよいことがあるのだろう。」	★リーダーになりたくないという児童が多数を占めると思われる。ここではリーダーの必要性とともに，リーダーに対する肯定的認識を育みたい。 ★リーダーという社会的地位を設けることの利点については，「反対・競合する考えの調整」「生活の質の向上」「自由や安全その他の利益の保護」及び「公正さの維持」など抽象的なまとめ方もできる。しかし，ここでは「チームが強くなる」「作業が効率的にできる」「みんなの意見をまとめることができる」などの具体的利益を挙げられれば十分である。
展開(2) 【10分】	【ワークシート①を配布】 ・「リーダーがいるとよいことがたくさんあるけれど，誰がなってもよいのだろうか。」 ○小問①を読む。 ・「ラオはリーダーにふさわしいだろうか。」 ○小問②を読む。 ・「どうしてラオはリーダーにふさわしくないのだろう。」 ○小問③を読む。	★展開(2)のゴールは，リーダーをコントロールする必要性に気付かせたい。 ★「ふさわしくない」に○を付ける。 ★ここでも理由付けは，児童なりの表現がなされていれば十分である。

	・「どうすれば,ラオのような仲間がリーダーになるのを防げるだろう。」	★リーダーをコントロールする方法の一つとして,リーダーを自分たちで選ぶ(選挙)という方法があることを理解させる。児童から答えが出にくいようなら,適宜のヒントを与えること。
展開(3) 【15分】	【ワークシート②を配布】 ・「リーダーを自分たちで選ぶとして,どのような人をリーダーに選べばよいだろう。」 ○シマウマの群れの出来事を読む。 ・「シマウマの群れで,うまくいかなかったのはどうしてだろう。」 ○ゴリラの群れの出来事を読む。 ・「ゴリラの群れで,うまくいかなかったのはどうしてだろう。」	★リーダーには,ふさわしい資質をもった人を選ぶ必要があることに気付かせる。 ★「判断する力が足りないから」に○を付ける。 ★「まとめる力が足りないから」に○を付ける。
まとめ 【5分】	○①リーダーの必要性,②リーダーをコントロールする方法として自分たちでリーダーを選ぶという方法があること,及び,③ふさわしい人をリーダーに選ぶために「判断する力」「まとめる力」という「ものさし」(判断基準)を用いるとよいことの3点を確認する。	

2. 第1時・ワークシート①

リーダーの選び方を考えよう！

【ライオンの群れの出来事】

> ライオンの群れでは，リーダーを決めることになりました。
> このとき，ライオンのラオが，自分がリーダーになると言って立ち上がり，みんなをにらみつけて，そのままリーダーになってしまいました。
> しかし，ラオには，自分の気に入らないことがあるとすぐに大声でほえたり，暴力をふるったりするところがあります。
> そのため，群れのみんなは，いつもびくびくしています。

① ラオはリーダーにふさわしいですか？

ふさわしい　・　ふさわしくない

② どうして，そう考えるのですか？

③ ふさわしくない仲間がリーダーになるのを防ぐには，どうすればよいでしょうか？

3. 第1時・ワークシート②

【シマウマの群れの出来事】

> シマウマのゼブラは，群れのリーダーに選ばれました。
> しかし，ゼブラは，水が飲める場所を上手に探すことができず，いつも迷っています。
> そのため，群れのみんなは，のどをかわかせています。

○ 群れにはリーダーがいたのに，うまくいかなかった原因はどうしてだと思いますか？ 原因だと思うものに○をつけましょう。

> ① ゼブラは，判断する力が足りないから　　（　　　　）
> ② ゼブラは，まとめる力が足りないから　　（　　　　）

【ゴリラの群れの出来事】

> ゴリラのウータンは，群れのリーダーに選ばれました。
> しかし，ウータンは，自分一人で何でも決めてしまい，みんなの意見を聞きません。
> そのため，みんな，ウータンのやり方に不満をもっています。

○ 群れにはリーダーがいたのに，うまくいかなかった原因はどうしてだと思いますか？ 原因だと思うものに○をつけましょう。

> ① ウータンは，判断する力が足りないから　　（　　　　）
> ② ウータンは，まとめる力が足りないから　　（　　　　）

第2時

リーダーを選んでみよう！

1. 本時の目標

1. その地位にふさわしい人をリーダーに選ぶためには，前時で学習した二つの「ものさし」（判断基準）を用いて判断すればよいという知識の定着を図る。
2. 投票行動について，自らの意見を形成するとともに，その理由を分かりやすく説明することができるようになる。
3. リーダー選びに能動的・積極的に関わっていこうとする態度・意欲をもつ。

段階	学習活動	指導上の留意点
導入 【5分】	○前時の学習を復習する。	
展開（1） 【15分】	【ワークシート①②を配布】 ・「これから，みなさんは，サルの群れのメンバーということにします。そして，自分たちのサルの群れのリーダーを実際に選んでもらおうと思います。」 ○ワークシート①の事例を読む。 ○4匹のリーダー候補の特徴について，ワークシート②に○×をつけて整理する。	★児童の活動内容の指示をあらかじめ的確に行うこと。 ★解答 |	モンタ	モンキチ	モンペイ	モンブラン
---	---	---	---	---
判断する力	○	○	×	×
まとめる力	○	×	○	×	
	○4匹のリーダー候補につき，リーダーにふさわしいと考える順番と理由を考え，ワークシート②に記入。	★児童の活動内容の指示をあらかじめ的確に行うこと。
展開（2） 【20分】	○班で集まって，リーダーにふさわしい順番について議論する。全員一致しなけれ	★議論を通じて，展開（1）で考えた自分の意見をより深めさせるとともに，主体的能動的に社会参加する意欲・態度を育成したい。

	ば，多数決で決める。 ○各班ごとに，群れのリーダーと，その人がいない場合の2番目の候補者として誰を決めたのか，その理由は何かを発表する。	★「判断する力」と「まとめる力」の，それぞれ一方しかもち合わせていない候補の順番付けで悩むはずである。その際，できれば，そのもち合わせていない資質について，他のメンバーがフォローするという議論まで進められるとよい。実社会では，リーダーシップと同じくらい，フォロワーシップも重要であり，そのことにまで思い至らせたい。 ★投票の理由付けができているかを確認する。 ★班ごとにリーダーを決めさせると，班によって選んだリーダーの順番が異なるという状況が生じると思われる。しかし，自分の属する集団のリーダーを選ぶのだから，その集団のメンバーが納得していれば，集団に属しない人が違う意見でも一向に構わない。したがって，重要なのは，誰がリーダーに選ばれたかではなく，どうしてそのリーダーを選んだかという理由を説明できることである。 ★クラス全体でリーダーを決めるというのも面白い。その場合，あらかじめ投票権と投票箱を用意して，模擬投票を実施するという工夫をするとよい。
まとめ 【5分】	○「判断する力」「まとめる力」という二つの「ものさし」（判断基準）の再確認。	★リーダーをコントロールする方法としては，ふさわしい人をリーダーに選ぶという方法の他に，選んだ後も，リーダーに自分たちの意見を伝えたり，監視したりといった方法も重要である。もし時間が許すなら，この点にも触れられるとよい。

2. 第2時・ワークシート①

リーダーを選んでみよう！

【サルの群れの出来事】

サルの群れでは，新しいリーダーを選ぶことになりました。リーダー候補は次の4匹です。

---
① モンタ

　エサを探したり，危険をさけたりするのが上手なので，リーダーに選べば，みなの生活は安心です。

　みなの意見をよく聞いたり，身体の弱い仲間にえさを分けあたえたりするところがあります。

---
② モンキチ

　エサを探したり，危険をさけたりするのが上手なので，リーダーに選べば，みなの生活は安心です。

　自分一人で何でも決めてしまったり，いばったりするところがあります。

---
③ モンペイ

　エサを探したり，危険をさけたりするのは苦手なので，リーダーに選ぶと，みなの生活は心配です。

　みなの意見をよく聞いたり，身体の弱い仲間にえさを分けあたえたりするところがあります。

---
④ モンブラン

　エサを探したり，危険をさけたりするのが苦手なので，リーダーに選ぶと，みなの生活は心配です。

　自分一人で何でも決めてしまったり，いばったりするところがあります。

3. 第2時・ワークシート②

次の表に書きこみながら考えましょう。

① それぞれの候補が,「判断する力」と「まとめる力」をもっているかどうかについて, ○×をつけて考えましょう。
② どの候補がリーダーにふさわしいか, ふさわしいと考える順番を1位から4位まで考えましょう。
③ それぞれの候補について, その順番にした理由を書いてください。

	モンタ	モンキチ	モンペイ	モンブラン
判断する力				
まとめる力				
ふさわしい順番				
その順番にした理由				

No. **7** ☑ 中学年～高学年　☑ 体育・特別活動

ルールづくり

―ルールづくりを通じて，ルールの存在意義を実感する―

1. 授業の目標

1. 身の回りのあらゆることに，特に遊びの場面でも，「ルール」があることに気付く。
2. 遊びのルールは，「公平に，楽しく，安全に」遊ぶために存在していることを理解し，社会のルールの存在意義を理解するための基礎を身に付ける。
3. 「ルール」は自分たちでつくることができることを知り，いろいろな意見を出し合うことによって，よりよいものとしていくことができることを理解する。

2. 授業の構成

■ 第1時
ドッジボールのルールを考える。

■ 第2時
ボールを使ったゲームのルールを新しく考える。

3. 授業の解説

(1) この教材のねらい

学校生活もそうですし，社会生活の中でもそうなのですが，世の中には「ルール」がたくさんあります。もちろん，ルールを守ることは大切なことです。

ただ，もっと大切なことは，ルールというものが「多くの人にとって利益をもたらす」ということを，実感してもらうということではないでしょうか。世の中でルール違反がしばしば発生するのは，そのルールが「なぜ存在しているか」を，十分に理解していない（または理解する機会が与えられていない）からではないでしょうか。

ルールについて学ぶことの究極の目標は，「法は共生のための相互尊重のルールであり，国民の生活をより豊かにするために存在するものである」という，法の存在意義を理解することにあります。

⑵ ルールとは？

そもそも「ルールとは何ですか」と聞かれても，あまりに当たり前すぎて，かえって，答えに，窮するかもしれません。英語の"rule"を辞書で引くと，「規則」「守るべきもの」といった定義から，「法則」「統治」「ものさし」といった定義も出てきます。

では，「社会で必要なルールとはどのようなものですか」と聞かれたら，どうでしょう。その初歩的な感覚を児童たちに肌で実感してもらいたいというのが，この単元の目標です。

⑶ 無人島に一人で流れ着いたら？

例えば，無人島に，あなたが一人で流れ着いたとします。生きてゆくのは，自分自身の責任です。水を探すのも，食料を探すのも，寝る場所を探すのも，どうやって助けを求めるかも，自分で考えなければなりません。

そこに，「ルール」は必要でしょうか？

確かに，毎日，日が昇ったら起きて，その後で食事を取って，その後で食料を探し，昼過ぎに船が通っていかないか海を眺める……そんな「ルール」を作って生活するはずだ，という意見があるかもしれません。しかし，社会で必要とされるルールとは異なります。自分一人が自分の意思で暮らしていくうちに自然と形作られてゆくものであって，「規則」とか「きまり」というものとは異なります（このようなものを，私たちは「習慣」と呼びます）。人は本来自由であり，一人でいる限りルールは必要ないのです。

⑷ 二人で流れ着いたら？

では，無人島に二人で流れ着いた場合はどうでしょう。もちろん二人が好き勝手に生きてゆこうと決意すれば，一人の場合と変わりありませんが，そのうち二人で協力し合ったほうが，生きやすいことに気付くでしょう。

そして，「二人で協力する」ということを決めた場合，おそらく役割を分担したり，何かを約束したりするというところからスタートするでしょう。しかし，それは，「常に自分が好き勝手に行動してはいけない」ということを意味します。これが，「ルール」です。

したがって，「ルール」ができれば，自分にとって「やってはいけないこと」が増えますから，自由が制約され，窮屈に感じる場面も出てきます。そして，そのルールが二人のうちのいずれかにとって納得いかないものであれば，その二人の間でけんかをすることになるかもしれません。でも，そうしているうちに，「けんかをしても始まらない」と気付くはずです。そして，けんかをしないために，納得できるまで話し合い，そこにまた別の「ルール」が生まれます。さらに，状況の変化とともに「ルール」が実態に合わなくなり，そのせいで別のけんかが起こるようになれば，その「ルール」を増やしたり変えようとしたりするでしょう。その過程で，さらに数多くの「ルール」ができ上がり，「ルール」が変えられていきます。

そうしていくうちに，その二人は実感するでしょう。

もともと「ルール」とは，常に好き勝手に行動してはいけないという，ときには窮屈に感じ

ることもあるものでした。しかし，その反面，「ルール」ができればできるほど，けんかが起こることも少なくなり，同時に，生きていくことも楽になりました。また，ルールには，ルールで決まった制約を除けば原則通り人は自由でいられるという，自由を保障する機能もあります。

　それこそが，「ルール」というものがもつ，不思議な力なのです。

(5) 児童のみなさんに学んでほしいこと

　世の中にあるルールも全く同じです。国民全体が，より快適に過ごすために作られた究極のルールが「法律」ですが，法律もまた，国民の代表者で構成される国会で作られ，おかしいと思えば変えることができます。例えば，裁判員制度を定める「裁判員の参加する刑事裁判に関する法律」の附則第9条では，「政府は，この法律の施行後三年を経過した場合において，この法律の施行の状況について検討を加え…(以下略)」と，定められています。つまり，法律を変える可能性があることを最初から織り込んでいるわけです。

　新しいルールを定めれば，その実施に伴い，考えもしなかった新しいことが出てきます。時代の変化によっても不具合が出てくるでしょう。しかし，設定してしまったルールに縛られるだけではなく，ルールを作り替えることができれば，将来に備えつつ次のステップに進むことができます。その「力」を，子どもたちが身に付けることによって，子どもたち一人ひとりが生きてゆく力を育むことはもちろんのこと，社会全体がより活性化するはずです。その意味で私たちは，ルールの存在意義や機能を小学生の段階から学ぶことは，極めて重要なことだと考えています。

　ただ，小学校中学年くらいですと，法律とは何かを学ぶことはもちろんのこと，「ルールが何のためにあるのか」を言葉で伝えるとか，地域社会とのつながりの中でルールの意義を実感するというのは，難しいことのように思えました。その中で，「小学校のできるだけ早い時期に，ルールのもつ不思議な力を実感して欲しい。そのためにはどうしたらよいのだろう？」と考えたときに思いついたのが，遊びの中で秩序を作り出す，子どもたちの自由な発想に頼ってしまおうということでした。

　子どもたちにとっては，ただ遊ぶだけの授業かもしれません。でも，「ルールを上手に作れば楽しいでしょ」，「いろいろ考えながら工夫してルールを変えれば，もっとよいものができるよね」と伝えることができるというだけであっても，この授業の意味があると考えています。

　なお，この授業は，実は「体育」の時間での実践を想定しています。「法教育」という言葉からすると不思議な感じがするかもしれませんが，これも立派に法教育の一つなのです。

第1時

ドッジボールのルールを考える

1. 本時の目標

1. いろいろな遊びやスポーツを思い出してもらい、そこには何らかのルールがあることに気付く。
2. ルールは、公平に、楽しく、安全に遊ぶために必要なものであることに気付く。
3. ルールを自分たちで工夫することによって、遊び方やゲームの進み方を変えることができ、それによってこれまでにない遊び方ができるようになることを理解する。

段階	学習活動	指導上の留意点
導入 【5分】	○休み時間に何をして遊んでいるか自由に挙げ、出てきた遊びやゲームの中に、どんなルールがあるかを考える。 ○どのような遊びにも、ルールがあることに気付く。	★児童の側から発言がなければ、教師が見聞きしている児童の行動を思い出して、具体例を挙げて発言を引き出す。
展開（1） 【15分】	○導入時の例について、ルールがなぜあるのかを考える。 【ワークシート①を配布】 以下、ワークシートに沿って、授業を進める。 ○ドッジボールのルールで、ルールのある意味を考える。 ・内野のコートの広さが違っていたら？ ・外野の人が戻れなかったら？ ・顔面セーフがなかったら？	★まず、ルールが何のためにあるかを理解する。ルールが存在するのが当然と考えている児童ほど、新鮮な視点。興味をもたせるため、自由な発言を促したい。 ★公平なルールとは言えない。ワークシートに「公平じゃない」と記入する。 ★内野に入れなければ、ボールをよける遊びを経験することができない。ワークシートに「楽しくない」と記入する。ただ、「公平じゃない」も、ルールの内容の公平さではなくプレーヤー相互（外野の人と内野の人）間の公平を念頭に置いているのなら正解である。このように、法教育の授業は、視点の置き方によって複数の正解が導ける場合もある。ただ一つの正解があると考えずに、別解を導いた児童を褒めてあげたい。 ★顔面セーフの裏に、顔面を狙ってはいけないという目的があることに気付く。ワークシートには「危ない」が入る。

展開（2）【20分】	【ワークシート②を配布】 ○次に，ドッジボールの例をもとに，ルールを変えるとどうなるかを考える。 ○一つ一つの設例について，自由に意見を述べ，ルールを変えることにより，どのようにドッジボールの試合が変わるのかを，理解する。 （☆時間があれば，遊ぶ時間を長くしようとしたら，どのようなルールがよいかなどについて考え，さらに理解を深める。）	★ここでは，ルールを工夫することによって，「遊びの内容」を変えることができることを理解する。ここでは，より単純化させるため，勝ち負けが決まる時間の長短のみを問題とした。 ★ワークシートの回答は，以下の通りだが，記入させる前の段階で，児童ができるだけ多くの意見を出せるようにしたい。 「早く勝ち負けが決まる」 「早く勝ち負けが決まる」 「もっと長く遊べる」 「早く勝ち負けが決まる」 （☆逆の方向に考えることで理解が深まるが，難易度も飛躍的に高まる。高学年で授業を行う場合は，ここまでを問題にしないと時間が余る可能性がある。）
まとめ【5分】	○ルールが何のためにあるか，再認識する。 ○でき上がったルールを守るべきことについても，理解する。	★第2時に向けて，ルールの目的や機能について，再認識する。 ★ルールを守る理由について理解ができたところで，一応念押しをしておきたい。全員が楽しく遊ぶためのルールであるから，守らない人がいればその目的が阻害されるということ。高学年での授業の場合は，社会のルールも例に挙げつつ理解を深めるとよい。

2. 第1時・ワークシート①

ドッジボールのルールを考えてみましょう♪
~ルールは,どうしてあるのかな?~

> 危ない　・　公平じゃない　・　楽しくない

○ 内野の広さは,両方のチームで,同じ広さじゃないといけません。
　もし,コートの広さがちがっていたら?

　　コートの広さがちがっていたら,(　　　　　　　　　)です。

○ 外野の人が相手のチームの内野の人にぶつけたら,内野に復活できます。
　もし,外野の人が,内野の人にぶつけても復活できなかったら?

　　外野の人が内野の人にぶつけても,ずっと外野のままだったら,
　　(　　　　　　　　　)です。

○ 相手にぶつけても,頭や顔面にぶつかった場合は,セーフです。
　もし,頭や顔面にぶつかっても,アウトだったら?

　　頭や顔面にぶつけてもアウトだったら,頭や顔面をねらう人が出る
　　かもしれないので,(　　　　　　　　　)です。

3. 第1時・ワークシート②

ドッジボールのルールを工夫してみよう♪
～こんなルールはどうだろう？～

もしドッジボールに，こんなルールができたらどうなるでしょう。
この二つのどちらの結果になるか考えてみましょう。

もっと長く遊べる　・　早く勝ち負けが決まる

○　内野をせまくすると？

（　　　　　　　　　　　　　　　　）

○　ワンバウンドのボールにぶつかってもアウトにすると？

（　　　　　　　　　　　　　　　　）

○　外野からはぶつけられてもセーフにすると？

（　　　　　　　　　　　　　　　　）

○　チームの中から一人「王様」を選んで，王様がぶつけられたら，そのチームがすぐに負けになるというルールをつくると？

（　　　　　　　　　　　　　　　　）

第2時

ルールをつくる

1. 本時の目標

1. 遊びのルールは，「公平に，楽しく，安全に遊ぶためのもの」という視点をもとに，一定の条件下での自由なルールづくりを体験する。
2. よいルールをつくるためには，グループで話し合って議論し，いろいろな人の意見を尊重しながらつくることが必要だということを実感する。
3. 実際につくったルールを適用してみたときに問題があっても，修正することによってよりよいルールをつくり上げることができることを理解する。

段階	学習活動	指導上の留意点
導入 【5分】	【グループに分かれる。各班に，ワークシート①を，人数分配布する。】 ○ワークシートの例を読み上げるなどして理解する。 ○自由にルールを考えるに当たり，ルールが何のためにあるのかを理解する。	★1チームが4～5人のゲームをつくるという設定なので，その2倍の人数くらいのグループがちょうどよいのではないかと思われる。 ★ワークシートの例をかみ砕いて説明するなどして，何が所与の条件なのかを児童自身が理解することが重要である。この授業案では，「ボールをスタートの所からゴールの所まで運んだら1点」ということだけは，前提条件である。 ★導入部分に加えて，再度の念押しをしておく。ワークシート①の下段のかぎ括弧に「公平に，楽しく，安全に遊ぶため」と記入する。 ※可能であれば，実際に，運動場に白線を引き，運動場で授業を行うことで，教育効果が非常に高まると思われる（→プラン2参照）。
展開(1) 【15分】	○グループに分かれて自由に議論し，遊びのルールをつくる。	★自分たちで遊びのルールをつくるという授業の特性に鑑み，必要以上に介入しない。 ★ワークシート②以降は，児童の到達度によって，適宜配布することができる数を増減できるようにしてある。児童のレベルによっては，ワークシートの順番に一つずつ考えさせる方法もある。学校や児童の実情に合わせて検討されたい。 ★児童の立場としては，どういうルールをつくったときに，どういうふうに結果が変わるのかを発想できない可能性がある。運動場で授業を行っている場合には，児童たちが自分で検証すればよいが，教室で，授業をやっている場合には，教師から助言を与える必要があるかもしれない。

段階	学習活動	指導上の留意点
展開（2）【20分】	○グループごとに，考えたルール発表する。 ○児童の間でルールの内容について，意見交換する。	★発表の際に，どういうところを特に意識したか，聞いてあげるとよい。また，「公平に，楽しく，安全に遊ぶ」という，三つの条件のいずれをより重視したかを，意識できるような問いかけをするとよい。 ★他の班の意見を募るのはもちろん，より楽しくなるようなルールを提案してもらうのもよい。また，出てきた意見について，「公平に，楽しく，安全に」という三つの条件のいずれの問題かを整理し，意識できるようにまとめられれば，なおよい。
まとめ【5分】	○遊びのルール以外の，身の回りのルールを挙げ，そのルールが存在する理由を理解する。	★遊びのルールだけではなく，世の中のルールも同じような目的で存在していることを理解する。ルールの意義を感じさせる答えであれば，どのような答えも肯定してあげたい。 ★世の中のルールも，たくさんの人が話し合いながらつくられていることを，まとめとして伝えたい。

（注）ワークシート①では，ボールの種類やコートの広さを指定していません。
　　　ボールについては，ドッジボールかサッカーボールを自由に選択させることを想定していますが，コートの広さについては，各学校の実情に応じて自由に変えていただいてよいと思います。

【プラン2～楽しい授業のための工夫】

　この授業案は，考えたルールで実際に遊びながら試行錯誤することによって，教育効果が非常に高まります。また，ルールをつくるだけではなく，それを発表し意見を出し合うことで，ルールをつくり替える過程も体で体験することができるはずです。
　もともとは，第2時で完結する授業案を作成しましたが，やや時間が不足することが予想されるため，教育効果を高めるために，可能であれば授業時間を増やし，第2時をルール作成のための時間に当て，第3時にルール発表や作り替えを体験させてあげてほしいと思います。
　これを踏まえ，運動場を使用し，かつ第3時までを想定した「プラン2」を参考までに示しますので，より楽しい授業にしてみてください。

[第2時]

段階	学習活動	指導上の留意点
導入【5分】	【前記授業案に同じ】	★前記の授業案と行うことは同じだが，3時間授業の分だけ，趣旨説明に時間をかけることが可能である。
展開（1）【40分】	○グループに分かれて自由に議論し，遊びのルールをつくる。	★こちらも，前記の授業案と行うことは同じだが，チームで話し合う時間が十分に取れる。児童の自由な発想を生かし切ることが可能。授業の留意点等は，前記の授業案を参照されたい。 ★もちろん学年や実情に合わせ，ワークシートの解説をして，道筋をつけてあげるような授業をすることも可能である。

| | ○次回の授業で，発表することを念頭に，班で話し合ったルールをまとめる。 | ★発表時間も十分に取ることができるようになるため，プレゼンテーションの経験もさせることができ，教育効果も大きくなると言えよう。 |

第3時

段階	学習活動	指導上の留意点
展開（2） 【40分】	○前回の授業でできたルールを，班ごとに発表する。 ●各班ごとにルール発表 ↓ ●別の班もそのルールで遊んでみて，実際に遊んだ感想と改善策を提案する。 【これを班の数だけ繰り返す。時間がなければ，人気の高いルールに絞って遊び，考えるという方法もよい。】	★発表時間を多く取ることで，よりじっくりと検討することが可能。展開（3）まで進めるかどうかは，時間とクラスのレベルに依拠する。 ★実際にグラウンドに引いたコートの上で，体を動かしながら発表する。 ★他の班もそのルールで遊んでみて意見を募る。できる限り，「楽しい／楽しくない」にとどまらず，「だったら，どのようにルールを変えればもっとよいルールになるか」というところまで考えられるようにしたい。
展開（3） 【適宜】	○時間があれば，ここで「クラス全体のルール」をつくってみたい。 「どの班のルールが，一番おもしろかったですか」「そのルールをもっと楽しくするために，何かいいアイデアはないですか」 ↓ ●できれば実際に遊ぶ時間が欲しい。	★クラス全体で話し合うことによって，ルールを変更し，さらによりよい一つのルールをつくり上げる過程を実践させるのが，この展開（3）のねらいである。 ★授業案としては発展のレベルになる。発表とそれに対する議論の時間が不足することが予測される場合は，この部分を削除する（もちろん，4時間の授業が可能であれば，ぜひ実施してみていただきたい）。
まとめ 【5分】	○授業の意義（本時の目標）を理解する。	★言葉で語るよりもルールづくりを体で覚えてもらうのが目的なので，児童の雰囲気からルールの意義を実感できているようであれば，あえて言葉でまとめるのではなく，一言声をかけてあげれば十分であろう。 　例…「もし，もっと楽しいルールを思いついたら教えてくださいね。時間があったら，またみんなでルールをつくって遊んでみましょう！」 ★究極的な目標は，児童が自らの意思でルールをつくったり改善していったりすること。先生が児童の熱意に押されるくらいになれば，これ以上の成功はない。

2. 第2時・ワークシート①

楽しいゲームをつくってみよう！
～自分たちでルールを考えてみよう～

グラウンドに，次のように白線を引きます。
こうげきのチームと守りのチームに，6～7人くらいずつに分かれます。

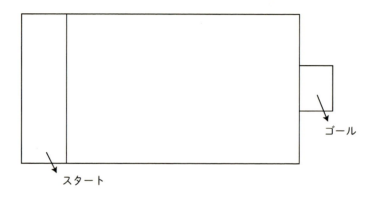

スタート地点に，ボールを10個準備（こじゅんび）します。
こうげきのチームが，スタートからボールを1個ゴールまで運んだら，1点入るというゲームを自由に考えてみましょう。
こうげきの時間は5分です。

復習（ふくしゅう）

ルールは，何のためにつくるのですか。

「　　　　　　　　　　　　　　　　　　　　　　　　　　　　　」

3. 第2時・ワークシート②

★ ルールを考えるときには，次のことに注意してみましょう。

1. スタートからゴールまで，ボールをどうやって運ぼうか？

2. 守るチームは，どうやって守ることにしようか？

3. 線から外に出たら，どうしようか？

※ それ以外に，何かおもしろいことが思いうかんだらルールにできないか，いろいろ考えてみましょう。

4. 第2時・ワークシート③（グループ配布用）（1枚目）

※ 考えてほしい項目ごとに，詳しい説明を付したワークシートを用意しましたので，適宜，使用してください。特に，時間に余裕のある「プラン2」で授業を行う場合は，グループごとに，こちらのワークシートを併せて配布すると，児童が考える助けになると思います。

---

1 スタートからゴールまで，ボールを，どうやって運ぼうか？

手でボールを持って，走ってゴールまで運ぶのが簡単じゃないかなぁ。

ボールをけったり，投げたり，転がしたりという方法もあるよね。そうすれば，パスだってできるよ。

あと，ボールは1個ずつしか運べないことにする？
ボールを，一度にたくさん運んだらどうなるかな？

それはおもしろそうだけど，守る人が大変だよね。
守る人が守りやすいルールにしないとおもしろくないかも。

グループではどんな意見が出ましたか。

私たちのつくったルール

5. 第2時・ワークシート③（グループ配布用）（2枚目）

2　守るチームは，どうやって守ることにしようか？

自由に走って追いかけるのもいいけど，おにごっこみたいになっちゃうかなぁ。

それもいいと思うけど，ボールの運び方にぴったりの方法を考えないとね。

守りの人が，こうげきの人にさわったりボールにさわったりしたら，どういうふうにするのが楽しいかなぁ。

いろいろ考えてみようよ。でも，けがをするような守り方じゃあ，ルールとしてはだめだよね。

グループではどんな意見が出ましたか。

私（わたし）たちのつくったルール

6. 第2時・ワークシート③（グループ配布用）（3枚目）

3 線から外に出たら，どうしようか？

ボールが外に出る場合と，こうげきの人が外に出る場合があるよね。

外に出たってことは，守りの人がちゃんと守ったか，こうげきの人がミスしたってことだよね？

それじゃ，こうげきの人が得するようなルールはおかしいよね？

グループではどんな意見が出ましたか。

私(わたし)たちのつくったルール

7. 第2時・ワークシート③（グループ配布用）（4枚目）

4 それ以外に何か，おもしろいルールは，思いうかんだかな？

> チームが7人だから，ボールを持っていない人が守りの人のじゃまをすることもできるかも。

> ゴールキーパーを一人選んで，その人だけ何か特別なことができるとか。ほかにもさぁ……。

> でも，たくさんルールばかりつくって，むずかしいゲームになっちゃったら，おもしろくなくなっちゃうよ。

> ルールってつくりすぎてもいけないのか……，むずかしいなぁ……。

グループではどんな意見が出ましたか。

私（わたし）たちのつくったルール

No. 8 ☑高学年 ☑道徳・総合的な学習の時間・特別活動

みんなで決めていいこと，だめなこと

―多数決でも決めてはいけないことを学ぶ―

1. 授業の目標

1. 集団でものごとを決める際には，メンバー全員の利益を保障するため，一部の者が独断で決めるのではなく，全員で決める必要があることを理解する。
2. 全員一致とならない場合の次善の策として，多数決があることを理解する。
3. 多数決にも限界があること，換言すれば，個人の自由を優先させるべきことがあることを，理由とともに理解する。

2. 授業の構成

■ 第1時
みんなで決めること，多数決の必要性を理解する。

■ 第2時
多数決でも決めてはいけないことがあることを理解する。

3. 授業の解説

(1) **ルールやものごとを決める必要性**

　私たち人間は，誰もが集団の中で生きています。もちろん，学校も一つの集団です。

　集団生活をしていく中では，集団の中でのルールがどうしても必要になります。また，集団の中では，ルール以外にも，様々なものごとを決めていかなければなりません。

　また，集団の中で，ルールやものごとが決められたときは，これをみんなが尊重していかなければ，一人ひとりが好き勝手なことをするようになりかねず，集団の中で安心して生きていくことがままならなくなってしまう恐れがあります。

(2) **民主主義の重要性**

　では，このように集団のルールやものごとを決めることが必要だとして，どのように決めるのがよいでしょうか。

最も簡単なことは，一人のリーダーが自分一人で決めてしまうことかもしれません。この場合は，他の全ての人はリーダーが決めたことに従うということになりますが，それが集団に属する一人ひとりの人間にとって本当に利益になることかどうかはわかりません。むしろ，このような独裁が一度始まってしまうと，次第に独裁者自身の利益が優先されるようになり，一人ひとりの人間が虐げられていくということは，これまでの歴史が語っていることです。

　そのような歴史の反省として，民主主義が広まってきました。もちろん，現代の日本も民主主義国家です。小学校6年生でも教わる「国民主権」とは，集団に属する一人ひとりが，みんなで一緒に考えてルールをつくったりものごとを決めていったりするということです。集団のルールや集団で決められるものごとは，その集団に属する一人ひとりの人間の人生や生活に影響します。そうすると，誰か一人の人間や一部のメンバーだけでルールやものごとを決めるのではなく，それらのルールやものごとによって影響を受ける集団のメンバー一人ひとりの意見ができるだけ反映されるほうが望ましいと言えます。民主主義は，集団のルールやものごとを誰か一人に任せきりにしてしまうのではなく，「自分たちのことは自分たちがみんなで決める」という考え方を大切にします。

(3) **多数決の必要性**

　このように，集団のメンバー一人ひとりの意見をできるだけ反映させようとすると，最も望ましい「決め方」は全員一致なのかもしれません。しかし，集団の中で全員が賛成するような（誰にも不利益がないような）ルールをつくったり，何かのものごとを決めるのに全員の意見を一致させたりするのは，よほど当たり前のルールでもない限りは不可能に近いことです。それだけではなく，無理に全員一致を目指そうとすると，少数意見をもっている人が自分の意見を言いにくくなったり，他人と異なる意見を言うことが集団の中で非難されるというような本末転倒のことが起こりかねません。したがって，みんなで十分に話し合ってもなお全員の意見が一致しないときには，多数決で決めざるを得ないことになります。

　児童のみなさんも，学級委員を決めるときや，学芸会でのクラスの出し物を決めるときなど，意見を出し合ったうえで多数決により決めていることも多いのではないかと思います。ただ，なぜ，みんなが意見を出し合っても意見が分かれたときに多数決で決めるべきなのか，その理由を考えて理解している児童は，そう多くはないのではないでしょうか。

　多数決が妥当な決定方法とされている理由は，集団に属するみんなにとって何が最も望ましいことかを判断することは，誰にとっても簡単なことではないからです。一人ひとりの判断能力に限界があるからこそ，より多くの人が賛成する決定をすることによって，できるだけ間違いが少ない決定をしようとするわけです。この場合，集団の規模が大きければ大きいほど，多数決によって誤った決定がなされる可能性は小さくなるとされています。選挙制度も多数決原理に基づく制度であり，まさに民主主義の根幹といっても過言ではありません。

　本教材では，「意見が分かれたとき，どうやって決めるべきだろうか」，「なぜ，その決め方がいいのだろうか」，「他の決め方は，どこが問題なのだろうか」などを様々な視点から考える

ことにより，まずは多数決の必要性を学び取ってもらうことを重視しています。

(4) 多数決が不合理な結果を招く場合

ただし，多数決によってものごとを決める場合には，最終的には少数者の意見が切り捨てられることになります。もちろん，できるだけ切り捨てられる少数意見を減らす技術はあり，例えば選挙制度であれば，小選挙区制よりも中選挙区制のほうが死票は少なくなりますし，一定の得票数を得た候補者の中で決戦投票を行うことによっても切り捨てられる少数意見の数を減らすことは可能です。

しかし，それでも自分の意見が反映されない少数者が出てくることは避けられません。問題は，そのときに少数者が受ける不利益が許容される限度を超えているかどうかです。例えば，ある人の職業を多数者で決めて本人に強制することはできませんし，人口密集地と過疎地があるからといって人口密集地の一部の地域の住民だけを過疎地に移住させるよう多数決で決定することが許されてよいはずがありません。こういったことは，いくら多数決で決まったことであっても，そもそも「多数決で決めてはいけないこと」です。そして，憲法の最も重要な役割とは，このような「多数決で決めてはいけないこと」，すなわち基本的人権のリストを決めておくことです。このように，「集団のことであっても，みんなで決めてはいけないものごともある。そのようなものごとのリストを定めておこう」という考え方を，「近代立憲主義」と言います。

日本国憲法第13条は，「すべての国民が個人として尊重される」ことを定めています。この「個人として尊重される」とは，もちろん利己主義を推奨するものではありません。多数決によっても奪われてはならないもの（生命や健康，幸福追求の権利）を，一人ひとりの人間がもっていることを認めましょうということです。憲法が基本的人権として定めている表現の事由や思想・信条の自由，職業選択の自由，居住・移転の自由，教育を受ける権利，生存権などは，全て，多数決によっても奪ってはならない「一人ひとりの人間」の権利のリストです。

児童のみなさんも，これまでの学校生活や家庭生活を通じて，弱い者いじめをしてはいけないということは感覚として理解しているかもしれません。しかし，少数者の利益と多数者（集団全体）の利益が対立するときに，多数者の側が踏み込んではならない一線があるのだ，ということは，感覚的に簡単に理解できるものではないように思われます。このことを本当に理解するためには，おそらくは，歴史の中で多数者が少数者に対して何をしてきたかを学んでいく必要があるのでしょう。しかし，この授業では，児童のみなさんが日常の生活の中で実際に経験しても不思議ではないような身近な事例を通じて，このことを少しでも考えてみてもらいたいと思います。

(5) 児童のみなさんに学んでほしいこと

児童のみなさんにとっては，「自分たちのことを自分たち自身で決める」方法として，多数

決という決定方法に優れた点があることを理解しておくことは，今後の社会生活にとって大切なことだと考えます。

　しかしながら，それは「どんなことであっても多数決で決めればよい」ということを意味しません。多数決によっても決めてはならない性質のものごとがあること，それは「一人ひとりの人間が自分なりの幸福を追求するために必要な最低限なもの」であることを多少なりとも理解していただければ，少数者のことも考えるという態度や弱者へのいたわりの気持ちを醸成することになるかもしれません。「基本的人権の尊重」という憲法に関する理解のみならず，今後の人生に対しても新たな視点を与えてくれるのではないでしょうか。

　本教材が，そのための一助となれば幸いです。

第1時

みんなで決める大切さと多数決の必要性を学ぶ

1. 本時の目標

1. 身近な事例で，みんなでものごとを決める大切さ，その理由を理解する。
2. ものごとを決めるために，多数決によらざるをえない場面が生じることを理解する。

段階	学習活動	指導上の留意点
導入 【5分】	○児童の集団生活の中で，何かものごとを決めたとき，どういうふうに決めたか，そのときに困ったことがなかったかどうかについて，自由に発表する。	★児童の実体験として，集団でものごとを決める必要性があることを認識させる。また，その決め方について，児童がどのような感想をもったか，率直な意見を語らせる。できれば，自分の意見が通らなかったときの経験を語らせると，その後の授業展開に資すると思われる。
展開（1） 【15分】	【ワークシート①を配布】 ○たろうさんの独断で劇が決まったことがよいことかどうか，理由とともに考える。 ○多くの人の中でものごとを決める際の基本となる民主主義的な視点を理解する。	★ワークシートの問題①②を考えさせ，たろうさんの独断で劇が決まったことを理由とともに考えさせる。賛成と反対両方が考えられるところ。 （賛成） 　・決められないよりも，誰かが決めてくれたほうが簡単でよい。 　・誰も反論しなかったのだから，みんなが賛成したと考えてよい。 （反対） 　・一人だけが賛成で他の人は反対なのに，一人の意見が通るのはおかしい。 　・誰も反論しなかったのはたろうさんが怖かったからであって，賛成したわけではない。 ★ワークシートの問題③について，児童に考えさせ，意見を募る。 ★ものごとを決めるときには，より多くの人の意見を聞くという「民主主義」の視点が重要。一人の意見を理由なく通すことは妥当でないという価値判断を理解させる。 ★誰が決定すべきかという問題点を扱っているため，展開（2）の多数決の必要性と混同させないよう明確に区分する。
展開（2） 【20分】	【ワークシート②を配布】 ○まず，意見がまとまらない事例を前提に，その場合における留意点を理解する。	★ワークシートの問題①を通じ，多数決による解決の前提として，話し合いの過程の前提として，まず相手の意見を聞くことを学ばせたい。相手の意見を真摯に聞くことができなければ，多数決の前提となる意見の形成が困難になると

	○その上で，何らかの結論を下す必要がある場合に，多くの利益を反映させる方法として，多数決という選択肢があることを理解する。	いうことを，理解させたい。 ★ワークシートの問題②③を通じ，社会では，ものごとの決定において時間の制限があり，その場合の決定方法として，多数決の必要性があるということを理解させる。 ★児童からくじやサイコロ，さらに先生の一存で決める等で決めればよいという意見が出ることが想定されるが，それらの方法より多数決のほうがより多くの人の意見を取り入れることができるという多数決の合理性，優位性を説明することが重要である。
まとめ 【5分】	次の2点を確認する。 ①ものごとを決めるときはみんなで決めるべき（民主主義）。 ②多数決が必要であること，十分に話し合う必要があること。	

2. 第1時・ワークシート①

劇は何をする？
〜だれが劇を決めるの？〜

> クラスで劇をすることになりました。
> たろうさん以外は「桃太郎」がよいと言いましたが，たろうさんは，一人で，「『桃太郎』なんてつまらない。『白雪姫』にするぞ。それ以外は，絶対にいやだからな」と言いました。
> だれも，たろうさんに逆らうことができず，「白雪姫」に決まりました。

① この決め方で，「白雪姫」に決めて，よいと思いますか？

（　　）　よいと思う。
（　　）　問題があると思う。

② どうして，そういうふうに思ったのですか？

③ みんなで何かを決めないといけないときに，どういうことが大事か考えてみましょう。

3. 第1時・ワークシート②

劇は何をする？
～話がまとまらなかったら？～

> 別のクラスでも劇をすることになり，クラス全員で何の劇をするか，話し合いをしました。その結果，クラス30人のうち「桃太郎」をやりたい人，「白雪姫」をやりたい人，「さるかに合戦」をやりたい人で，意見が分かれてしまいました。
> 先生は，「せっかくクラスで劇をやるんだから，何をやるかみんなで決めてごらん」と言っています。

① みんなで話し合うときに，どういうことに気をつけたらよいか考えてみましょう。

> クラスで一生けんめい話し合いましたが，時間ぎりぎりになっても一つに決まりません。先生は，「時間がなくなりましたので，どれか一つに決めてください」と言っています。もう話し合っている時間はなさそうです。

② 何の劇をするかについて，どんなふうに決めますか。

③ そのような決め方が一番よいと考えた理由は何ですか。

第2時

多数決でも決めてはいけないことが あることを理解する

1. 本時の目標

多数決でものごとが決まったもののそのものごとの内容が不合理という事例を設定する。その事例をもとに児童から意見を出させ、①多数決でも決めてはいけないことがあること（個人の自由を優先させるべき部分があること）、②その理由を理解する。

段階	学習活動	指導上の留意点
導入 【5分】	○第1限目で学んだ次の2点を確認する。 ①ものごとを決めるときはみんなで決めるべき（民主主義）。 ②多数決が必要であること、十分に話し合う必要があること。	★あらかじめ、適当な人数ごとにグループ分けをしておく。
展開（1） 【15分】	【ワークシート①～③を配布】 ○学級を三つのグループに分け、Aグループはワークシート①、Bグループは②、Cグループは③というように、別々に取り組む。	★ここでは、多数決でも決めてはいけないことがあることを理解する（三つの事例は、いずれも多数決が適さない事例である。詳細は後記）。 ★同時に三つの事例を考えると時間がかかる可能性があるため、別々に考えさせ、後から発表し、まとめる形の授業の形式を紹介する（もちろん、時間があれば、各班に、全部の事例を考えさせるのがよい）。
展開（2） 【20分】	○各グループごとに結果を発表し、他のグループの児童も含め、全体で理解を深める。 ○これを事例ごとに繰り返す。	★発表させた後、他のグループの児童から、率直な感想を求める。他のグループの児童からの反対意見が出ない場合は、教師の側から、異なる意見を出して揺さぶってみるとよい（各事例ごとのポイントは以下の通り）。 【ワークシート①の事例】 　学習権や自己実現の機会が著しく制限される事例である。また、Bさんの答えが必ず間違っていることを前提にすることも、Bさんの利益を害していると言えよう。 　賛成・反対の理由としては、次のような発言が想定される。 〈反対〉　自分の意見を発表することは、一番の勉強になる。／Bさんがかわいそう。 〈賛成〉　間違った答えしか答えない。／みんなの学習の邪魔になる。／正解の答えを聞いたほうが勉強になる。

★まとめとして,「ルールが許されるならば,Bさんの発表する権利・自由を全面的に奪ってしまう結果となり,その結果が到底許されない」ことを確認する。そのための問いかけとしては,以下のようなものが考えられる。
・「しゃべれないってどう思う?」
・「自分の意見を伝えないと自分のことが分かってもらえるのかな?」

【ワークシート②の事例】
★<u>自分が入りたい部活に入る自由や自己実現の機会が著しく制限される事例</u>である。賛成・反対の理由としては,次のような発言が想定される。反対ばかりの場合,賛成の意見を投げかけて揺さぶってみる。
〈賛成〉 下手な人がいるとサッカーの練習の邪魔になり,学校のためにもならない。/相撲が強い人が相撲部に入れば,相撲部は強くなって,学校のためになる。
〈反対〉 Cさんの意見を全く無視することになる。/部活動やクラブは,好きなことをするべき。
★まとめとして,「このようなルールが許されるならば,サッカー部などに入る権利・自由を全面的に奪ってしまう結果となり,到底許されない」ということを確認する。そのための問いかけとしては,以下のようなものが考えられる。
・「好きな部活やクラブに入れないってどうかな?」
・「いやいやながらさせられる人の気持ちってどうかな?」
・「一部の人にいやな思いさせて,相撲部やサッカー部が強くなってもうれしいかな?」

【ワークシート③の事例】
★<u>男女の平等や伴奏をする権利(表現の自由等)が著しく制限される事例</u>である。賛成・反対の理由としては,次のような発言が想定される。反対ばかりの場合,賛成の意見を投げかけて揺さぶってみる。
〈賛成〉 女子のほうがピアノがうまいはず。/男子がピアノを弾くのはおかしい。/ピアノの伴奏は,ほとんど女子である。
〈反対〉 男子でもピアノを弾く人はいる。/男子だからといって女子よりピアノが下手とは限らない。/伴奏をしたい男子の意見を無視している。/性別という個人の力ではどうしようもないことで伴奏できないとするのは酷すぎる。
★まとめとして,「このようなルールが許されるならば,男女の平等や伴奏をする権利を奪ってしまう結果となり,到底許されない」ということを確認する。
・「性別で決めつけられるってどうかな。」

		・「ピアノを弾くことに男女間の差はあるのかな。」 ・「生まれたときに決まった性はどうしようもないんじゃないのかな。」
まとめ 【5分】	○多数決でも決めてはいけないことが存在すること、その理由を確認する。	★多数決で決めてはいけない理由は、特定の人の利益を害する程度が大きく、または基本的人権の尊重の理念に反する場合であることを伝える。

2. 第2時・ワークシート①

多数決で決めてもいいの？
～まちがった答えばかり発表する人には手を挙げさせない～

> Bさんは、授業中、たくさん手を挙げて発表しますが、いつもまちがった答えばかり発表していました。
> Bさん以外の人のほとんどは、Bさんがまちがった答えばかりすることに不満をもっていました。
> そのため、Bさんは発表してはいけないと、クラス全体の多数決で決めました。

① この多数決の結果について、あなたはどう考えますか？

② あなたの考えの理由は？

3. 第2時・ワークシート②

多数決で決めてもいいの？
～本人が入りたくない部活動へ入らせる～

　Cさんは，すもうがとても強く，サッカーはとても下手です。
　そして，Cさんは，すもうがきらいで，サッカーは好きです。
　Cさんの小学校には，すもう部とサッカー部があり，両方ともとても強いです。
　Cさん以外のほとんどの人は，Cさんにすもう部に入って，すもう部を強くしてほしいと考えていました。
　クラス全体で話し合い，多数決で，Cさんをすもう部に入部させることに決めました。

① この多数決の結果について，あなたはどう考えますか？

② あなたの考えの理由は？

4. 第2時・ワークシート③

多数決で決めてもいいの？
~ピアノのばんそう者を女子にする~

> 今年の合唱コンクールで，ピアノのばんそうをする人を一人決めることになりました。
> Dさんは，男子です。Dさんは，前から，ピアノのばんそうをしたいと考えていました。
> しかし，みんなで話し合ったところ，ピアノのばんそうは女子にするとクラス全体の多数決で決めました。

① この多数決の結果について，あなたはどう考えますか？

② あなたの考えの理由は？

No. **9** ☑中学年〜高学年 ☑社会科・特別活動

なにが公平・不公平？

—利益や負担を公平に分ける—

1. 授業の目標

1. 公平とは，利益（もの）や負担（仕事）の「分け方」の問題であることに気付く。
2. 全員に同じだけを分けることが常に公平だというわけではなく，分けようとしているものや仕事を①必要としているか（必要性），②ものを活用する力や仕事の負担に耐える力があるか（能力・適性），③貢献に対する報酬として利益を多く受けたり迷惑に対する責任として負担を多く引き受けたりすべき立場にあるか（適格性）という三つの「ものさし（判断基準）」を考えて分け方に差をつけても，不公平ではないことを理解する。
3. 三つの「ものさし（判断基準）」を用いて，身の回りの具体的な問題を公平に解決するための意見をもつことができる。

2. 授業の構成

■ 第1時
公平について考えるための「三つの判断基準（ものさし）」を学ぼう。

■ 第2時
身近な問題について，何が公平かを考えてみよう。

3. 授業の解説

(1) 利益や負担を「配分する」必要性

社会においては，いろいろな場面で，多くの人が欲しがる利益（お金，名誉，仕事，役職，地位など），多くの人が避けたがる負担（迷惑施設，金銭的負担など）を，その集団の構成員に分ける（配分する）必要が生じます。利益を配分する必要が生じるのは，全員の欲求を満足させられるだけの十分な量が集団内に存在しない場合です（ある会社に社長になりたい人が5人いるが，その会社の社長のポストは一つしかないというような場合）。負担を配分する必要が生じるのは，集団全体で負わなければならない負担の量が，その集団のメンバーが喜んで引き受ける負担の量を超える場合です（ある国が年間10兆円の国家予算を必要とするとして，

国民から政府に対する税金だけでは10兆円を集めることができないというような場合)。

(2) 多数決原理と法の役割

集団内で「配分のしかた」を決める方法は、基本的には、その集団内における多数決です。例えば、会社の社長は取締役会における多数決で決められ、その取締役は株主総会における多数決で選任されますし、納税負担の配分は国会における多数決で決められた税法によって行われ、その国会議員は国民による多数決で選ばれます。しかし、多数決で決めさえすれば、どのような配分の仕方でも許されるというわけではありません。それでは、少数派が、常に多数派に比較して不利益な取り扱い（利益の過少な配分、負担の過大な配分）を受けることになりかねないからです。したがって、「法」の重要な役割の一つは、多数決原理に限界を設定することにあり、とりわけ憲法の役割はその点にあります。

(3) 形式的な平等と実質的な平等

利益や負担の配分に関する多数決原理の限界の一つは、性別や身分など、個人の努力ではどうしようもない生まれつきの事情によって異なる取り扱いをしてはならないということです（憲法14条）。とはいえ、理由が何であろうと一切の異なる取り扱い（利益や負担の配分）が許されないというわけでもありません。実際に、研究実績などによって大学への運営交付金に差をつけたり（利益の不均等配分）、所得額によって所得税率に差をつけたり（負担の不均等配分）することは、決して不公平・不平等だとは考えられていません。

では、異なる取り扱いをしても不公平・不平等とはいえない場合というのは、どのような場合でしょうか。これが、この授業で扱う「配分的正義」の問題です。

(4) 実質的平等の判断基準（ものさし）

先に述べた通り、身分や性別、肌の色など、個人の努力ではどうしようもない「生まれつきの事情」によって異なる扱いをすることは許されませんが、このような形式的な平等をあらゆる場合に貫いてしまうと、一方では、恵まれた立場の人も恵まれない立場の人も同じ扱いを受けることになりますし、他方では、努力した人も、努力できるのに努力しない人も同じ扱いを受けることになって、実質的には平等・公平に反する結果になることが考えられます。すなわち、利益や負担の配分を受ける者の「一人ひとりの事情」の違いに応じて、異なる扱い（利益や負担の配分）を行うことが実質的には平等な場合があると考えられており、そのような「一人ひとりの事情の違い」としては、①必要性の違い、②適性や能力の違い、③適格性（ふさわしさ）や貢献度の違いを考慮することが許されると考えられています。社会における「必要性」基準の例としてはシルバーシートなどが挙げられるでしょう（より座席を必要とする者に対して優先的に座席という利益を配分する制度）。また、先に挙げた「研究実績に応じた運営交付金の傾斜配分」は「適格性」基準の例として理解することができ（より資金を得るのにふさわしい大学に対して優先的に資金という利益を配分する制度）、所得税率の累進課税は「適

性・能力」基準の例として理解することができます（より納税能力の高い者に対して優先的に納税負担を配分する制度）。このような意味での平等は「比例的平等」と呼ばれることがありますが，この授業では，分かりやすい「公平」という語を用います。他方，「地位」に応じた異なる扱い（例えば国会議員という役職に対してJRを無料で利用できるという利益を配分すること）や，「位置」に応じた異なる扱い（例えば，行列の並び順に前の人から優先的にチケットという利益を配分すること）を「序列的平等」と呼ぶことがありますが，この授業では，序列的平等については触れません。

(5) 児童のみなさんに学んでほしいこと

　児童のみなさんには，①一人ひとりの「事情の違い」に応じて利益や負担を不均等に分けることは不公平とは言えないこと（違っていても不公平ではないことがある。），②一人ひとりの「事情の違い」としては，必要性・能力や適性・適格性（集団への貢献度）という三つの事情を考えるべきことを学んでもらい，そうした視点で身の回りの「配分」に関する問題を考えてもらいたいと考えます。

　実際の政策決定場面では上記の三つの事情のうち，どの事情を重視するかが重要な問題となることがあります。とりわけ，「より必要な人により多く」という必要性基準を重視する場合と，「より貢献（努力）した人により多く」という適格性基準を重視する場合とでは，ほとんど正反対の政策が選択されることもあり得ます。しかし，こういった問題はこの授業では扱いません。

　社会では，「どのような事情の違いを重視すべきか」については民主的に議論して合意を形成していくしかありませんが，この授業では，合理的な議論ができるようになるために，どのような事情の違いに着目すると，どういう分け方を公平と考えることになるのかという「理由と結論の対応関係」を考えることをねらいとします。

　したがって，児童のみなさんが，自分（または自分の班）が公平だと考える「分け方」の理由として，「三つの事情」のうち，どの事情の「違い」に着目しているのかを述べることができれば，この授業の獲得目標は達成されたと考えています。

第1時

公平について考えるための「三つの判断基準（ものさし）」を学ぶ

1. 本時の目標

1. 不公平と感じた経験を通じ，公平・不公平が何かの分け方の問題であることを知る。
2. 「みんなが同じ」でなくても不公平とはいえない場合もあることに気付く。
3. どんな理由があれば「みんなが同じ」でなくても不公平でないかを理解する。

段階	学習活動	指導上の留意点
導入 【5分】	○これまでに不公平と感じた経験を思い出して発表する。 ・「今までに不公平だと感じたことはありますか？」 ・「それは，どんなときでしたか？」	★（予想される発言） ・お菓子を誰かが自分より多くもらった。 ・テレビのチャンネル争いに負けた。 ・そうじ当番をさぼった人がいた。
展開(1) 【10分】	○その経験が，ものや仕事などを分ける場面だったことに気付く。 ・「それらの経験には，何か似たところがありませんか？」	★場合によっては次のような誘導的な発問をする。 ・「そうじ当番を決めるというのは，何かをみんなに分けようとしているんだよね。何を分けようとしているんだろう？」
展開(2) 【25分】	○「みんなに同じだけ分ける」ことが公平とは言えない場合もあることに気付く。 【ワークシートを配布。以下，ワークシートに沿って授業を進める】 ○①について，お母さんがタロウさんとジロウさんを同じように扱わなかった理由を考える。 ○①について，お母さんが不公平かどうかを考える。 ・「お母さんは不公平だと思いますか？」	★これから夜遅くまで勉強しようとしているタロウさんのほうが，ジロウさんより夜食を食べる必要があったから。①の括弧内に「必要があった」と記入させる。 ★「公平と思うかどうか」ではなく「不公平と思うかどうか」を問う（一人ひとりの事情の違いに応じて扱いに差をつけることは「不公平とは言えない」というだけであり，「公平だ」と言い切れるかどうかは別問題）。 ★もし「不公平だ」という意見があれば，必要性基準を用いる他の例（大災害が起きたとき避難所で病気の人に優先的に水や食べ物を分けることが不公平かどうかなど）について尋ね，必要に応じて異なる扱いをすることが不公平とは

			言えないことを理解させる。
		○②について，お父さんがハナコさんとイチロウさんを同じように扱わなかった理由を考える。	★ハナコさんのほうがイチロウさんより絵の具を使う力があったから。②の括弧内に「ちからがあった」と記入させる。
		○②について，お父さんが不公平かどうかを考える。 ・「お父さんは不公平だと思いますか？」	★もし「不公平だ」という意見があれば，適性基準を用いる他の例（英語を読める人に英語の本を優先的に分けることが不公平かどうかなど）について尋ね，適性・能力に応じて異なる扱いをすることが不公平とは言えないことを理解させる。
		○③について，お母さんがサクラさんとモモコさんを同じように扱わなかった理由を考える。	★サクラさんが畑仕事を手伝いをしたお礼のメロンなので，サクラさんはメロンをもらえたことについて役に立ったから。③の括弧内に「役に立った」と記入させる。
		○③について，お母さんが不公平かどうかを考える。 ・「お母さんは不公平だと思いますか？」	★もし「不公平だ」という意見があれば，適格性基準を用いる他の例（プロ野球のチームが優勝することに最も貢献した選手をＭＶＰとして表彰し賞金を与えることが不公平かどうかなど）について尋ね，貢献度に応じて異なる扱いをすることが不公平とは言えないことを理解させる。
まとめ【5分】		○一人ひとりの事情に応じて異なる扱いをすることは不公平と言えないことを再認識する。	★「全員を同じに扱うこと」が「公平」だとは限らないことを再確認する。 ★第２時に向けて，「一人ひとりの事情」としては，「必要」・「能力や適性」・「貢献度」という３種類の事情を考えるべきことを再確認する。

2. 第1時・ワークシート

お母さん・お父さんは不公平？

①～③の文章にある（　）の中に，下の囲みの中から言葉を選んで書きましょう。

> 必要がある　・　ちからがある　・　役に立った

① ある日の夜，タロウさんの家にはカップめんが1個だけ残っていました。タロウさんは，これから夜おそくまで勉強しようとしています。弟のジロウさんは，これからねようとしています。タロウさんもジロウさんも，「夜食にカップめんを食べたい」と言いましたが，お母さんは，タロウさんにカップめんを食べさせてあげました。なぜでしょうか？

☞ タロウさんのほうが，カップめんを食べる（　　　　　　）から。

② ある日，ヤマダさんのお父さんは，絵の具セットと24色のクレヨンを買ってきました。姉のハナコさんも，弟のイチロウさんも，絵をかくのが大好きですが，イチロウさんは，まだ5さいなので，絵の具を上手に使うことができません。小学3年生のハナコさんは，絵の具を使って，上手に絵をかくことができます。ハナコさんもイチロウさんも，「クレヨンよりも絵の具のほうがいい」と言いましたが，お父さんは，絵の具をハナコさんにあげて，イチロウさんにはクレヨンをあげました。なぜでしょうか？

☞ ハナコさんのほうが，絵の具を使う（　　　　　　）から。

③ ある日，サクラさんは，おじさんの家で畑仕事の手伝いをしました。すると，その日の夜，おじさんが，お礼にメロンを持ってきてくれました。サクラさんの家は5人家族です。お母さんは，メロンを6つに切って，夕食のデザートに出しました。サクラさんの姉のモモコさんは，メロンが大好きなので，「私が二つ食べる！」と言いましたが，お母さんは「サクラが二つ食べたら？」と言いました。なぜでしょうか？

☞ サクラさんのほうが，メロンをもらう（　　　　　　）から。

第2時

身近な問題について、「三つの判断基準（ものさし）」を用いて考える

1. 本時の目標

1. 前時に学んだ「公平」についての視点・判断基準を具体的な状況に応用できる。
2. 当該状況の解決案について自分の意見をもち、他者に向けて説明することができる。
3. 学習した視点や判断基準を実生活に生かそうとする態度・意欲をもつ。

段階	学習活動	指導上の留意点
導入 【5分】	○前時に学習した「みんなが同じでなくても不公平ではない三つの場合」とは、どんな場合だったか、記憶を喚起する。	★分けようとしているものを使う「必要」が高いか、分けようとしているものを使う「ちから（能力）」が高いか、分けようとしているものを獲得することに貢献した程度が高いか、という三つの判断基準を確認し、「①必要」「②ちから（能力）」「③貢献度」と板書する。
展開（1） 【15分】	【ワークシート①を配布。以下、ワークシートに沿って授業を進める】 ○オオマチ小学校6年生のA組とB組が、どのように休み時間を分けるのが公平か、ワークシート「1」の欄に自分の考え、「2」の欄に理由を書いてみる。 ・（記入が終わったころに）「どちらも同じ時間だけ体育館を使う③の案が公平か、使う時間に差をつける③以外の案が公平か、この点、どう考えましたか？」 ・「そう考えた理由は何ですか？」	★この段階では、差をつけるのが公平か、差をつけないのが公平か、という点だけを意識させる。→「差をつけたとしても不公平ではない理由」があることに気付かせる。 ★「差をつけないのが公平」（③案）という意見の中には、差をつける理由がないと考えている意見と、差をつける理由が複数あるので差し引きゼロと考えている意見があり得ることに留意する。
展開（2） 【20分】	○A組とB組とで「差をつけたとしても不公平とは言えない」理由が複数あったことを確認する。 【ワークシート②を配布。以下、ワークシートに沿って授業を進める】 ○どのように解決するのが公	

		平かグループで話し合って考える。○話し合いの準備作業として，ワークシート②の「事情」欄に3枚の「ものさし」カードのどれかを，「A組」・「B組」欄に4枚の「高い」「低い」カードのどれかを，それぞれグループで話し合って置いてみる。○カードを置いたワークシート②を見ながら，A組とB組に体育館を使える時間を公平に分ける案をグループで話し合う。○グループごとに意見と理由を発表する。	★A組は「必要とする」程度が低いが「貢献した」程度は高く，B組は「必要とする」程度が高いが「貢献した」程度が低いという組み合わせになるが，A組が明確に体育館の使用目的を決めていないため，体育館使用についての「能力」の程度が低い（B組は高い）と考える児童がいるかもしれない。机間巡視により，そのように考えている班があることに気付いた場合は，いったん全員の作業を止めさせて，「能力」とは分けようとしているものを使おうと思えば使いこなせる力であり，使おうと思っているかどうかは必要の問題であることを確認する。★どのような結論でもかまわないが，グループ発表に際しては，結論を出した理由（三つの「ものさし」のどれを・なぜ重視したか）に着目させる。	
まとめ【5分】	○前時・本時に学習した三つの「ものさし」のどれかを使って「異なる扱いをしている」例が身の回りにないかどうかを考えてみる。		

2. 第2時・ワークシート①

休み時間の「公平な分けかた」を考えよう

　オオマチ小学校では，明日の昼休みに6年生だけで体育館を使えることになりました。6年生が，放課後，体育館にちらかっているボールの片づけをする活動を続けてきたので，校長先生が，ごほうびに，6年生だけで体育館を使える日を決めてくれたのです。そこで，6年生の二つのクラス（A組とB組）が，40分間の昼休みの間，どちらが体育館を使うか話し合いをしています。

　A組は，これまで，クラスの全員が放課後のボール片づけ活動に参加してきました。B組には，片づけ活動をさぼる児童や，昼休みに体育館で遊んだ後ボールを片づけない児童が何人もいます。でも，B組は，次の日曜日に，学年代表として，市内の学校対こうのドッジボール大会に出場することになっています。それで，B組の児童たちは，「みんなでドッジボールの直前練習をしないといけないから，昼休みに体育館を使わせてほしい」と言っています。A組には，明日，クラス全体で体育館で何かをする予定はありません。

　今，オオマチ小学校の体育館は，修理のために工事中でせまくなっているので，両方のクラスが体育館を半分ずつに分けて使うことはできません。また，明日の天気予報は大雨なので，昼休みに外のグラウンドを使うこともできそうにありません。そこで，A組とB組は，昼休みの時間を区切って，A組が何分間，B組が何分間というように時間を分けて使うことにしました。どのように時間を分けるのが公平でしょうか。

1　最初に自分の考えを書いてみましょう。

　　　　　　　　（　①案　）　　A組　 0分　　　B組　40分
　　　　　　　　（　②案　）　　A組　15分　　　B組　25分
　　　　　　　　（　③案　）　　A組　20分　　　B組　20分
　　　　　　　　（　④案　）　　A組　25分　　　B組　15分
　　　　　　　　（　⑤案　）　　A組　40分　　　B組　 0分

2　どうして，それが公平だと思いますか。理由を書いてみましょう。

3. 第2時・ワークシート②

A組とB組の「事情のちがい」を整理しよう

	体育館の使用について	体育館の使用について
事情	 程度	 程度
A組		
B組		

【3枚の「ものさし」カード】

| 必要とする | 能力がある | こうけんした |

【4枚の「高い・低い」カード】

| 高い | 高い | 低い | 低い |

No. 10　☑ 中学年～高学年　☑ 社会科・特別活動

正義ってなんだろう？

―バランスの取れた罰の重さについて考えてみよう―

1. 授業の目標

1. 罰されてもしかたがない行為（'悪いこと'）とは，「他者が各自の幸福を追及するために必要なもの（生命・身体・自由・財産など）を傷つける行為」であることを理解する。
2. '悪いこと'をした人を処罰することが許されるのは，みんなの生命・身体・自由・財産などを守るためであり，その目的のために必要な限度においてであることを理解する。
3. 具体的な事例において，いくつかの判断基準を用いて，適正な罰の重さについての自分なりの意見をもつことができる。

2. 授業の構成

■ 第1時
罰の必要性・目的と，適切な罰の重さを判断するための判断基準を学ぼう。

■ 第2時
身近で具体的な問題について，適切な罰の重さを考えよう。

3. 授業の解説

(1) 罰の必要性

　多くの人が共生する社会においては，交通事故のように，たとえ意図しなくても不注意によって他者の権利や利益（生命，身体，自由，財産など）を侵害してしまう可能性があります。しかし，みんなが安心して生活するためには，このようなことが起こる可能性を少しでも小さくする必要がありますし，まして自分の利益のために意図的に他人の権利や利益を侵害するような行為については，これをできる限り抑制する必要があります。

　そのため，意図的な行為に対してはもとより，不注意による他者の権利や利益の侵害行為に対しても，被害者は，その行為がなかった状態への回復を求めることができます（民事的損害賠償請求）。とはいえ，「弁償すれば済む」ということでは，このような行為を十分に抑制することができませんし，そもそも，生命や身体や自由を侵害する行為については，完全に「加害

行為がなされる前の状態に戻す」ことができるわけでもありません。そこで、個人の重大な権利あるいは利益を侵害する行為や、極めて反社会的な行為に対しては、そのような行為を抑制するために、国家が刑罰（罰金、禁固、懲役、死刑など）を科すことになります。

(2) 悪事とは何か

もっとも、このように「悪いことをした人が罰を受ける」ことが正義にかなうと言えるためには、前提問題として「悪いこと（悪事）とは何か」について考えてみる必要がありそうです。刑事罰については、個人の自由を保障するために、どのような行為が処罰されるのかを事前に法律で明確に定めておかなければなりませんが（罪刑法定主義）、「法律で定めておきさえすれば、どのような行為を処罰してもかまわない」というわけではないでしょう。例えば、ときの政府の方針に対して反対意見を表明することが犯罪とされたならば、そのような行為が犯罪であることを定める法律は、憲法が保障する表現の自由を不当に制約する法律として無効と言わざるを得ません。

そのため、近代国家においては、できるだけ個人が自由に行動できるようにという要請と、他者の権利保護とのバランスをとるために、法的な意味での悪事（犯罪）は、基本的には、殺人・傷害・強盗・監禁・窃盗など、他者の生命・身体・自由・財産など重要な権利を侵害する行為に限られています。もちろん、このように直接的に他者の権利を侵害する犯罪以外にも、麻薬や覚せい剤の使用のような「被害者なき犯罪」と呼ばれる犯罪もありますが、そのような行為も、その行為自体が他者に権利を侵害しているわけではないにせよ、幻覚や幻聴によって被害妄想となり他人を傷つけたり、覚せい剤を購入するお金欲しさに強盗や窃盗を働いてしまうなど、他人の権利を侵害する行為の引き金となる危険が大きいと考えられることから犯罪とされているのです。単に「反社会的な行為である」というだけで安易に犯罪行為として法律で取り締まることは、ともすれば社会の多数派の価値観に沿わない少数者を迫害することになる危険を伴うことから、多様な価値観の共存を目指す近代国家においては、慎重でなければならないと言えるでしょう。

(3) 匡正的（きょうせいてき）正義

次に、「'悪いこと'をした人は、どんな罰を受けてもしかたがないのか」という問題を考えてみる必要もありそうです。歴史的にみれば、多くの社会において、刑罰は「見せしめ」の観点から残虐なものになりがちでした（この「見せしめ」のことを、刑法学では「一般予防」と言います）。そうした歴史的教訓を踏まえて、日本国憲法は「残虐な刑罰」を絶対的に禁止していますが（36条）、残虐でさえなければどんな刑罰を与えてもよい（正義にかなう）というわけでもないでしょう。

ここで注意すべきことは、刑罰は、それ自体が、個人の重要な権利（生命や自由や財産）を奪うことを目的にしているということです。つまり、他者の生命や自由や財産などの重要な権利や利益を侵害することを法的な意味での「悪事」と位置付けるならば、刑罰はその本来の目

的が「悪を正す」ところにあるにもかかわらず，それが濫用されたときには「悪事」そのものになってしまいます。また，過失致死や過失傷害のような不注意による犯罪（過失犯）については，人間が完璧な存在ではない以上，誰もが加害者（犯罪者）の立場に立つ可能性があることも考慮しなければなりません。このような不注意による行為に対してまで，民事的な損害賠償義務に加えて重い刑罰が課されるならば，うかつに車の運転もできないことになって，個人の行動の自由が著しく制約されることにもなりかねないからです。すなわち，単に不注意な行為に対して，あるいは，意図的な行為ではあるものの幸いに重大な結果を生じさせていない行為に対してまで，あまりにも過酷な刑罰が科されることになれば，社会が萎縮してしまい，「みんなが安心して生活できるように」という刑罰本来の目的が没却されてしまうことにもなりかねません。

　そのため，刑罰が本来の目的を果たすことができるようにするためには，処罰の対象である行為（悪事）と，それに対する刑罰の重さとの間にバランスが取れている必要があります。このバランスのことを，匡正的（きょうせいてき）正義と呼びます。

　また，このような理由で，刑罰を定める法律（その代表的なものは刑法）は，多くの場合において，かなり大きな幅をもたせて刑罰の重さを規定しています。例えば，殺人罪であれば，懲役5年から死刑までの幅があり（刑法199条），この幅の中で，被害者側の事情はもとより罪を犯した側の事情も十分に考慮して，適切な重さの刑罰を選択することが求められているのだと言えるでしょう。通常，「被害者側の事情」としては，被害が客観的に重大かどうか，被害者が主観的に被害の大きさをどのように感じているか（被害感情），被害が回復可能かどうか，被害が現に回復されているかどうか（被害弁償の有無），などの事情が考慮され，「加害者側の事情」としては，故意犯か過失犯か，故意犯であれば計画性の有無や犯行態様の悪質性，過失犯であれば過失の重大性，前科前歴の有無，反省や謝罪の気持ちを示しているかなどの事情が考慮されることになります。

(4) 近代国家における刑罰権の国家独占

　もちろん，刑罰には，他人の権利を侵害する行為（犯罪）の抑止という目的だけではなく，行った行為に対する責任をとらせる（応報）という目的もあることは否定できません。

　しかしながら，近代刑事法が，私刑（リンチ）や被害者による復讐行為を禁止して刑罰権を国家が独占するに至った理由の一つには，刑罰が有する応報の側面を過度に重視することが過酷な刑罰につながりがちであるということに対する警戒という意味あいがあります。刑罰の重さを決めるうえで，被害者側の事情が十分に考慮されたり，被害者の救済が十分になされなければならなかったりすることは当然としても，刑罰は重ければ重いほど正義にかなうというわけでもないという考え方は，近代国家において一応は共有されてきていると言ってよいのではないでしょうか。

　なお，この授業では触れませんが，この問題は，死刑制度の是非という論争的な問題にまでつながっていきます。現在では，いわゆる西側自由主義国家のほとんどは（米国の一部の州と

日本を除いて）死刑制度を廃止しており，もしくは，事実上，死刑の宣告または執行を停止しています。また，ヨーロッパ連合（EU）は，死刑制度の廃止を加盟条件にしています。このことは，賛否は別として客観的事実としては知っておいてよいことかもしれませんし，それがなぜなのかということも，小学校の授業で扱うわけにはいかないにせよ，いずれは考えてみるべき問題ではないでしょうか。

(5) 児童のみなさんに学んでほしいこと

この授業のねらいは，一方では「被害の重大さ」や「被害回復の可能性」といった被害者側の事情に関する判断基準，他方では「故意か過失か」，「過失の場合は不注意さの程度」，「初犯か再犯か」といった加害者側の事情に関する判断基準を理解し，それらの基準を用いて具体的な事例について罰（ペナルティ）の程度を考えてみるということです。

結論については「正解」はありません。児童のみなさんが「どういう基準を重視して結論を導いたのか」を説明できれば，授業の獲得目標は達成できたと言ってよいでしょう。

第1時

罰の必要性・目的と，適切な罰の重さを判断するための判断基準を学ぶ

1. 本時の目標

1. 「正義の味方」とはどのようなことをする人かを考えてみることを通して，その反対概念である'悪'の実質的な内容に気付く。
2. なぜ「悪者をやっつける」ことが「正義」なのかを考えてみることを通して，悪事に対し罰を与えることの必要性・目的を理解し，その目的のために適切な罰を与えることが正義にかなうことに気付く。
3. 適切な罰の重さを判断するための判断基準を理解し，具体的な問題解決のために活用することができる。

段階	学習活動	指導上の留意点
導入 【5分】	○「正義の味方」という言葉から誰を連想するか考える。 ○「正義の味方」とは，どんなことをする人なのか考える。	★アニメのヒーロー・ヒロインでも，警察官等でもよいが，「悪者をやっつける」，「戦う」といった行為をする人や職業が何種類か出るまで質問する。 ★怪獣を倒す，悪者から町を守る，犯人を逮捕するなど，「悪と戦う」，「悪者からみんなを守る」といった概念につながる答えを引き出す。
展開(1) 【15分】	○「正義の味方」が戦う相手である「悪者」とは，どんなことをする人なのか，「悪者」の行為が，どうして「悪いこと」なのかを考え，理解する。 ○「正義の味方」が悪者に対し罰を与えていることに気付く。 ○「正義の味方」は，悪者に謝らせたり，悪者が壊したものを弁償させたりするだけでは足りないかどうかを考え，謝ったり弁償したりするだけでは済まされない悪事があることに気付く。 ○謝ったり弁償したりするだけでは済まされない理由を考え，悪事を働いた人に対する罰が必要なことに気付く。	★導入時の答えから，「幸せを邪魔する」とか「傷つける」というように，「みんなを（または誰かを）傷つける」という共通点に気付く。 ★法律やルールを破るという形式的な面ではなく，他者の権利（生命や健康や財産など）を傷付けるという実質的な面に気付かせる。 ★やっつける，追い出すなどの行為が，悪者に不利益（罰）を与える行為であることに気付く。 ★謝らせたり弁償させたりするだけでもよいという意見も考えられるが，これに対しては，人を殺したり町を破壊したりした悪者も謝ればそれでよいか，また命は弁償できるか，などの問いかけを通じて，謝ったり弁償したりするだけでは済まされない悪事があることに気付かせる。 ★「謝れば済むと思って同じことを繰り返すかも」，「命や健康が傷つけられるとお金をもらっても仕方がない」など，悪事を防止する手段として罰が必要なことに気付く契機となる意見を引き出す。

展開（2） 【20分】	○罰が厳しすぎても，安心して暮らせない社会になる可能性があることに気付く。 ○行った悪事と罰の間にバランスがとれているときに，「正しい」と言えることを理解する。 【ワークシート①②を配布】 ○五つの設例について，どちらに重い罰を与えるべきか，理由も併せて考え，適正な罰の重さを判断するための五つの判断基準（ものさし）を学ぶ。	★「少しでも悪いことをした人は死刑にしてしまうとか，死ぬまで刑務所に入れておくのが正しいことか」を考えさせる。うっかり誰かを傷つけたり何かを壊したりしてしまったことはないかどうかを尋ねて，誰でも加害者の立場に立つ可能性があることに気付かせる。 ★「うっかり人の持ち物を壊してしまっただけでも死刑になるとしたらどうか？」などの極端な例を挙げて，行った行為（悪事）と罰とのバランスの必要性に気付かせる。 ★より重い罰を与えるべきだと考えるほうに○印を付けさせ，「理由」欄に簡単に理由を記入させる。ワークシートの五つの設例は，それぞれ次の判断基準（ものさし）に対応している。 【設例1】被害の重大さ（被害者側の事情） 【設例2】被害を回復できるか（被害者側の事情） 【設例3】わざと（故意）か，うっかり（過失）か（加害者側の事情） 【設例4】（うっかりの場合には）不注意さの程度（加害者側の事情） 【設例5】「今回が初めてか，似たようなことを繰り返しているか」（加害者側の事情）
まとめ 【5分】	○「悪いこと」とは，他人の命や健康や財産を奪ったり傷つけたりすることであったことを再確認する。 ○みんなが安心して暮らすためには，悪いことをした人に対して，行った悪事とバランスのとれた罰を与えることが必要なことを再確認する。	★最後に，「悪いこととは，どのような行いでしたか」，「みんなが安心して暮らすためには，悪いことをした人に対して，どのように対処するのが正しいことでしたか」といった問いかけを行い，匡正的正義の概念を再確認させる（匡正的正義という語を用いる必要はない）。

2. 第1時・ワークシート①

どちらに重いばつ（ペナルティ）をあたえるべき？

次の①〜⑤について、より重いばつ（ペナルティ）があたえられるべきだと思うほうに〇印をつけましょう。また、そう思った理由を、次の言葉の中から選んで書いてみましょう。

A：注意の程度が大きいから	B：同じことをくり返したから
C：結果が重大だから	D：不注意でなく「わざと」だから
E：元にはもどせない結果が生じたから	

① （　）友達がイスに座ろうとしているときに、ふざけてイスを後ろから引いたら、その友達は、しりもちをついて、こしをすりむいてしまった。
　（　）友達がイスに座ろうとしているときに、ふざけてイスを後ろから引いたら、その友達は、しりもちをついて、こしの骨を折ってしまった。

【理由】

② （　）ふざけて水道の水をホースで友達にかけたら、その友達が着ていた大好きな白い服が水にぬれてしまった。
　（　）ふざけて水たまりのどろ水を友達にかけたら、その友達が着ていた大好きな白い服に、洗っても落ちないシミがついてしまった。

【理由】

3. 第1時・ワークシート②

③ (　) 校舎のかべに向かってシュート練習をしていたら，ミスキックして校舎の窓ガラスを割ってしまった。
　(　) シュートのコントロールを試そうと思い，わざと校舎の窓ガラスに向けてサッカーボールをキックしたら，ねらい通りにボールが当たり，窓ガラスを割ってしまった。

【理由】

④ (　) 友達が調理実習でほうちょうを使っているとき，いきなり後ろから背中をたたいておどろかせたら，その友達がほうちょうで指を切ってしまった。
　(　) 友達がろう下で別の友達と話しているとき，いきなり後ろから背中をたたいておどろかせたら，その友達が手をろう下の窓ガラスにぶつけてしまい，割れたガラスで指を切ってしまった。

【理由】

⑤ (　) つい万引きをしてしまったが，これまでに，そんなことをしたことは一度もなかった。
　(　) 以前に万引きをして警察から厳重に注意されたことがあったのに，また万引きをしてしまった。

【理由】

第2時

身近な事例について，前時で学んだ判断基準を用いて適正な罰の重さを考える

1. 本時の目標

1. 前時に学んだ「適正な罰を考えるための判断基準」を具体的な状況に応用できる。
2. 具体的な事例について自分の意見を形成し，分かりやすく伝えることができる。
3. 学習した判断基準を実生活に活かそうとする態度や意欲をもつことができる。

段階	学習活動	指導上の留意点
導入 【5分】	○前時に学習した「適正な罰を判断するための五つの判断基準」を確認する。	★考慮すべき二つの被害者側の事情（「被害の重大さ」と「被害を元に戻せるかどうか」），三つの加害者側の事情（「わざとか，うっかりか」，「（うっかりの場合）不注意さの程度」，「はじめてか，似たようなことを繰り返しているか」という五つの判断基準を児童に質問しながら板書する。
展開(1) 【15分】	【ワークシート①②を配布。以下，ワークシートに沿って授業を進める】 ○ワークシートの設例を読み上げて，状況を理解する。 ○カワシマさんの事情（「被害の重大さ，被害が回復できるか」），ホンダ君とカガワ君の事情（「わざとか，うっかりか」，「（うっかりの場合）不注意さの程度」，「はじめてか，似たようなことを繰り返しているか」）をワークシートに整理する。 ○カガワ君とホンダ君に与えるべきと考えるペナルティの重さをワークシートに記入し，理由を付して発表する。	★被害者カワシマさんの事情については，ホンダ君の行為（落書き）とカガワ君の行為（鉢植えを壊したこと）を分けて考えるよう指導する。 ★前時に扱った判断基準を用いて考えることができているかどうかを確認する（どちらのペナルティを重くすべきかについて正解があるわけではないが，どの判断基準を重視したのかを明確にさせるように留意する）。
展開(2) 【20分】	○いろいろな意見があったことを確認したうえで，カガワ君とホンダ君に与えるべき適切なペナルティについてグループで話し合い，その結果をワークシートに記入し，グループごとに結論と理由を発表する。	★どの判断基準を重視するかによって結論が変わるため，自分と違う意見の人は，どの判断基準（ものさし）を重視したのか，それはなぜか，に留意して話し合うよう指示する。 ★グループ・ディスカッションの前後で自分の意見が変わったかどうか質問し，意見を変えた児童に対しては理由を尋ねる。

まとめ【5分】	○今日の授業で行ったことが，実際の刑事裁判で裁判官や裁判員が行っていることと同じであることに気付く。	★裁判員制度により，誰もが将来，今日の授業と同じように罪を犯した人の刑罰を決める立場になる可能性があること，その場合に，裁判官や裁判員も前回の授業で学んだ判断基準（ものさし）を用いて適切な刑罰の重さを考えていることを説明する。

2. 第2時・ワークシート①

適切なばつ（ペナルティ）を考えよう

　ナカマチ小学校6年A組のホンダ君は，ある日の放課後，学校の近くにあるカワシマさんの家のへいに，白いチョークでサッカーゴールの絵の落書きをしました。ホンダ君は，それまでに3回，カワシマさんの家のへいに同じような落書きをしたことがありました。カワシマさんは，落書きに気が付くたび，自分で水洗いをして落書きを消していました。

　その日は，ホンダ君が落書きを書き終えたところへ，同じクラスのカガワ君が通りかかりました。カガワ君は，ちょうどサッカーの練習帰りで，サッカーボールを持っていたので，今ホンダ君が書いたばかりのゴールの絵を目がけてシュートをけりました。そのとき，カガワ君は，絵の近くにカワシマさんが大切にしているはち植えが並べてあることに気が付いていましたが，シュートに自信があったので，大じょうぶだろうと思って，力いっぱいボールをけりました。ところが，ミスキックをして，カワシマさんが大切にしているはち植えを二つも割ってしまいました。

　すると，その音に気が付いたカワシマさんが家から出てきて，ホンダ君とカガワ君はおこられてしまいました。カワシマさんは，こう言っています。

> 　今までに3回も，うちの家のへいに落書きしたのは，君たちか？
> 　まったくもって，けしからん。それに，わしが大切に育てていたはち植えを二つも割るなんて。まだしも落書きは水で洗えば消えるが，はち植えは元にもどらないんじゃぞ。愛情こめて育ててきたものじゃから，似たようなのを買ってくればいいというわけではないんじゃ。
> 　でも，どうやら反省しているようじゃから，今回だけは学校に連らくするのはかんべんしてやろう。その代わり，明日から何日間か，毎日この道路のゴミ拾いをしなさい。それぞれ何日ずつゴミ拾いをするかは，自分たちがやったことに応じて，二人で話し合って決めなさい。

　ホンダ君とカガワ君は，それぞれ，何日間ずつカワシマさんの家の前の道路のゴミ拾いをするべきでしょうか。
　「1日」から「30日」の間で考えてください。

3. 第2時・ワークシート②

ひ害者と加害者の「事情（じじょう）」を整理しよう

	カワシマさんの事情（じじょう）	ホンダ君・カガワ君の事情（じじょう）
落書き	ひ害は重大？ 元にもどせる？	わざと？　不注意？ 不注意さの程度（ていど）は？ 今回が初めて？
はち植えをこわしたこと	ひ害は重大？ 元にもどせる？	わざと？　不注意？ 不注意さの程度（ていど）は？ 今回が初めて？

1. 最初に自分の考えを書いてみましょう。

    ホンダ君のペナルティ　→　ゴミ拾い　（　　　）日
    カガワ君のペナルティ　→　ゴミ拾い　（　　　）日
    そのように考えた理由

2. グループで話し合った結果を書いてみましょう。

    ホンダ君のペナルティ　→　ゴミ拾い　（　　　）日
    カガワ君のペナルティ　→　ゴミ拾い　（　　　）日
    そのように考えた理由

No. 11　☑ 中学年〜高学年　☑ 社会科・特別活動

「正しい決め方」を決めよう

―ものごとを決める際の「手続きの公正さ」を理解し，身近な問題に応用する―

1. 授業の目標

1. 公正な手続きによってものごとを決めることの必要性を理解する。
2. ものごとを決めるための手続きが公正かどうかを判断するための，三つの視点を身に付ける。
3. 三つの視点を用いて，ものごとの決め方についての手続きルールを自分たちで考えたり，これを評価したりすることができるようになる。

2. 授業の構成

■第1時
ものごとを決める手続きが公正かどうかを考えるための三つの視点を学ぶ。

■第2時
前時に学んだ視点を用いて身近な問題について「公正な決め方」を考える。

3. 授業の解説

(1) ものごとの公正な決め方

前々教材「公平ってなんだろう」及び前教材「正義ってなんだろう」では，社会的な「正しさ」を判断するための判断基準（ものさし）を扱いました。これらの判断基準を用いて考えることによって，客観的・論理的思考が可能となり，議論に共通の土台が設定され，合意形成の可能性が高まることが期待できます。

しかし，そのような判断基準を用いて判断したとしても，社会的な問題については，数学のように唯一絶対の「正解」が導き出されるわけではありません。同じ判断基準を用いても人によって判断結果が異なることはあり得ますし，そのいずれが正しい判断なのかを客観的に実証することは不可能です。ここに，「何が正しいのか」という問題とは別に，「何が正しいのかを，誰が・どのように決めるのが公正か」という問題が生じます。

社会制度としては，判断すべき問題ごとに「誰が・どのように決めるのか」がルール化され

ていることが多く，株式会社における株主総会や取締役会の判断手続が定款で定められていたり，自治会やPTAにおける総会や役員会の判断手続が規約で定められていたりすることも，このような手続きルールの例と言えます。もっとも，ただ形式的に手続きルールを守ってさえいれば足りるというわけではなく，特に誰かにとって不利益な内容の決定を行うときには，十分な判断材料を収集したうえで，慎重な判断を行うことが要請されます。民事訴訟法・刑事訴訟法・行政事件訴訟法などの訴訟手続法が極めて厳格な判断手続きを定めているのは，これらの手続きが直接に国民の権利・義務に関わる問題について判断する手続きだからだと言えるでしょう。

(2) 実体的正義と手続的正義

　前々教材で扱った配分的正義や，前教材で扱った匡正的正義は，大きく言えば，「何が正しいのか」という問題でした。このような問題を，実体的正義の問題と言います（実体というのは抽象的な言葉ですが，法律用語としては「手続」の反対概念だと考えてください）。

　これに対して，この授業で扱う「ものごとの公正な決め方とは何か」という問題は，手続的正義の問題と呼ばれます。価値観が多様化し，利害が複雑に錯綜している現代社会においては，「何が正しいか」について全員の合意を形成することは極めて困難になりつつありますが，そうであるからこそ手続的正義の重要性が増しつつあるとも言えます。手続的正義の核心は「情報の収集と情報の公正な評価」にあり，より困難な判断を求められるからこそ，より多くの情報が必要になり，より公正な情報の評価が必要になるとも言えるからです。法律実務の世界においても，行政庁の行政処分に裁量権の逸脱や濫用がないかどうか，株式会社の取締役の経営判断に経営責任違反がないかどうか，使用者が労働者を解雇することが解雇権の濫用に当たらないかどうかなど，様々な場面において，適正な手続きを経て当該判断がなされたか否かという手続審査の観点が重視されるようになってきています。

　なお，情報を収集するに当たっては，誰かの権利（プライバシー等）を侵害してはいけないとされています。

　正しい判断をするためには，多くの情報を収集することが望ましいことですから，誰かの権利（プライバシー等）を侵害するような情報の収集を禁止することは，場合によっては，収集できる情報が少なくなることにつながることもあるでしょう。そうなれば，正しい判断をすることが難しくなるかもしれません。しかしながら，そうであっても，特定の人の不利益の下に成り立つような社会は，望ましいとは言えません。仮に，正しい判断がしにくくなるという不利益が発生したとしても，その不利益を社会全体で負担すべきだと考えるべきであり，かつ，そのような考え方が，憲法の人権保障にも合致することになります。

(3) 手続的正義の積極的側面と消極的側面

　手続的正義には，「判断の手続が公正であるがゆえに，判断結果も不合理ではないものとして扱う」という積極的な側面と，「判断の手続過程が不公正であるがゆえに，判断結果も不合

理なものとして扱う」という消極的な側面があります。例えば，株式会社の取締役会がリスクのある新規事業に参入した結果として多額の損失を出し，株価の下落を招いて株主に損害を与える結果になったとしても，判断に必要な情報を十分に収集し・これを公正に評価し・外部専門家の意見を徴することなども含めて慎重な判断手続を踏んでいれば，結果的に会社に損害を与えることになったとしても，原則として経営責任を問われることはないという考え方があります。この考え方は「経営判断の原則」と呼ばれますが，これは手続的正義の積極面の現れです。また，使用者が就業規則違反等を理由に労働者を解雇する際，重大な犯罪行為のような著しい非行があったわけでもないのに，当該労働者の言い分を全く聴取しないで解雇すれば，そのような手続面の不備のみをもって解雇権の濫用と評価され，解雇理由があっても解雇が無効とされることがあります。これなどは，手続的正義の消極面の現れと言えます。

(4) 手続的正義という概念の感覚的理解の困難さ

このように，現代社会においては手続的正義の重要性がますます増大しているにもかかわらず，この概念を感覚的に理解することは，児童・生徒のみならず一般市民にとっても，必ずしも容易ではないように思われます。刑事弁護人に対して，「なぜ凶悪犯を弁護するのか」といった批判がなされることがありますが，これは，刑事弁護人の基本的な職責が手続的正義の実現であること（すなわち，被告人の言い分を判断者である裁判所に正確に伝えることを含めて，捜査や裁判の手続きが「判断に必要な情報の十分な収集と公正な評価」という手続的正義に則って行われることへの監視にあること）に対する無理解が背景にあるものと考えざるを得ません。

もっとも，これには，やむを得ない面もあります。「何が正しいか」は原理的には明らかにすることが可能であり，また明らかにされるべきであるという「正義への希求」とも呼ぶべき感覚は，誰もがもっている感覚であり，そのこと自体は何ら非難されるべきことではないからです。しかしながら，他方では神ならぬ人間の判断能力の不完全さに対する認識も必要であり，これを欠く正義意識が，時として正義の名において著しい不正義を招いてしまう危険性をはらんでいることは，多くの冤罪事件の教訓と言えるのではないでしょうか。

やや逆説的な言い方になりますが，「正義」という価値の重要な部分は，常に冷静に「これが本当に正義だろうか」という疑問を持ち続けることにあるようにも思われます。

(5) 児童のみなさんに学んでほしいこと

以上の通り，この授業のねらいは，「不完全な人間が，少しでも間違いの可能性が少ない判断をするためには，どのような判断のルールが望ましいか」を考えてもらうことにあります。授業で示した「三つの視点（判断基準）」を理解し，これを活用できることが獲得目標ではありますが，より根本的には，なぜ「ものごとの決め方のルール」などというものが必要なのかを考えてみることのほうが重要なのかもしれません。

第1時

ものごとの公正な決め方について
― 三つの視点を学ぶ ―

1. 本時の目標

1. ものごとを決める権限をもっている人が公正な判断をしてくれなかったことで不満をもった経験がないかどうかを思い出してみることを通じて，手続的正義の必要性に気付く。
2. それらの場合に公正な判断がなされなかった原因が何かを考えてみることを通じて，公正な判断がなされるためには何が必要かを考える。
3. 簡単な三つの事例を用いて，手続きが公正か否かを評価するための「三つの視点」を理解する。

段階	学習活動	指導上の留意点
導入 【5分】	○これまでに，スポーツやゲームをしていて審判の判定が不満だったり，誰かが何かを決めたことに対して不満をもったりしたことがないかどうかを考えて発表する。	★スポーツの判定に対する不満や，仲間内で誰かが何かを勝手に決めてしまったことに対する不満を感じた経験などが出る可能性があるが，何も意見が出ない場合には，教師が何か一つ例を出して，似たような経験がないかどうか尋ねてみる。
展開(1) 【15分】	○その不満の理由を考えて発表する。 ○もし自分が判断する立場（審判など）だったなら，その場面でどうすればよかったかを考えて発表する。	★「審判がちゃんと見てくれていなかった」，「自分の希望や意見を尋ねてくれなかった」，「えこひいきされた」などの答えが考えられるが，できれば，「判断に必要な情報を十分に収集していなかった」という視点や「情報の扱いが不公正」という視点につながる意見を引き出せるとよい。 ★「他に見ていた人がいないか確認する」，「みんなの意見を聞いてから決める」，「えこひいきをせずに公平に判断する」など，「判断に必要な情報を十分に収集していなかった」という視点や「情報の扱いが不公正」という視点につながる意見を引き出せるとよい。
展開(2) 【20分】	【ワークシート①②を配布。以下，ワークシートに沿って授業を進める】 ○三つの設例について，よりよい判断の仕方だと思うほうに丸を付け，そう思う理由を「理由」欄に記入して発表する。	★「理由」については，児童ら自身が下記のような表現をすることは困難と考えられるので，何人かの意見を発表させたうえで，教師側が下記のような表現にまとめて板書する。 【設例1】必要な判断材料を多く集めることができるから。 【設例2】集めた判断材料を公正に扱うことができるから。 【設例3】判断材料を集めるために誰かの権利を犠牲にしていないから。

			★設例2については,「先生が勝手にかばんの中身を調べるほうがよい」という意見が出ることも想定される。情報収集という点からみれば,子どもたちが自分でかばんの中のものを机の上に出すのでは全てを出さない可能性があり,十分な情報収集という点で劣るからである。このような意見を頭から否定する必要はないが,例えば「近所で窃盗事件が起こったときに,警察が自由に家の中に入ってきて被害品がないかどうか家宅捜索してもよいか」といった例を挙げて,情報収集の必要性という視点だけではなくプライバシー保護の必要性という視点もあることに気付かせることが望ましい。
まとめ 【5分】		○授業の最初に考えた「誰かが何かを決めたことに対し不満をもったこと」について,「三つの視点」のうち何が欠けていたか考える。	★感覚的な「不満」の理由を本時に学んだ「三つの視点」を用いて分析させる。

2. 第1時・ワークシート①

[1] どちらのほうがよいルールだと思いますか？

　ある小学校の6年A組とB組が，クラス対こうでソフトボールの試合をすることになりました。

（　）その試合の審判は，主審のほかに，1塁から3塁までの塁審とレフト線とライトの線審，合計で6人の審判を置くことにしました。

（　）その試合の審判は，主審一人だけを置くことにして，セーフかアウトかの判定も，フェアかファウルかの判定も，主審一人で行うことにしました。

理由	

[2] どちらのほうがよいルールだと思いますか？

　ある小学校の6年A組，B組，C組は，クラス対こうでソフトボールの試合をすることになりました。

（　）審判は，A組とB組の試合ではC組の児童，B組とC組の試合ではA組の児童，C組とA組の試合ではB組の児童がすることに決めました。

（　）審判は，対戦するクラスの代表者どうしがじゃんけんをして，じゃんけんに勝ったほうのクラスの児童がすることに決めました。

理由	

3. 第1時・ワークシート②

[3] どちらのほうがよいルールだと思いますか？

　ある小学校では，けい帯ゲーム機を学校に持ってくることは禁止されていますが，ときどきルールを破ってけい帯ゲーム機を持ってくる子がいます。

（　　）その小学校では，「先生は勝手に子どもたちのかばんを開けて，かばんの中を調べてもよい」という決まりをつくりました。

（　　）その小学校では，ときどき持ちもの検査をすることに決めました。また，持ちもの検査のときには，かばんの中のものを子どもたちが自分で机の上に出すことにしました。

理由	

第2時

身近な問題について「公正な決め方」を考える

1. 本時の目標

1. 前時に学んだ「三つの視点」を具体的な状況に活用できる。
2. 具体的な事例について自分の意見を形成し，分かりやすく伝えることができる。
3. 学習した視点を実生活に活かそうとする態度・意欲をもつことができる。

段階	学習活動	指導上の留意点
導入 【5分】	○前時に学習した「ものごとを公正に判断するための三つの視点」について記憶を喚起する。	★前時の学習内容を質問しながら，改めて「必要な情報をより多く集められそうか」，「集めた情報が公正に扱われそうか」，「情報を集めるとき誰かの権利を犠牲にしないか」という三つの視点を板書する。
展開（1） 【15分】	【ワークシート①②を配布。以下，ワークシートに沿って授業を進める】 ○ワークシート①の設例を読み上げて，状況を理解する。 ○「チーム分けを公平に決めるために必要な情報は何か」を考えて発表する。 ○ワークシート②の表に自分の考えを記入する（「はい」，「いいえ」のどちらかを選んで丸を付ける）。また，<u>「いいえ」に丸を付けた場合には</u>，そう思う理由を書く。 ○お互いに自分の意見を発表して，違う意見があれば，その理由を聞く。	★判断に必要な情報が足の速さ（50メートル走のタイム）であることを最初に確認させる。この段階で，公平なチーム分けのためには「誰と一緒のチームになりたいか」という情報が不要であることを確認しておくことが望ましい。 ★前時で学んだ「三つの視点」を用いて考えさせ，ケンタ案には「50メートル走のタイムという必要な情報を集められそうにもない」という難点があること，ミキ案には「好き嫌いについての情報は集める必要がないうえに，そのような情報は人に知られたくないたくないというプライバシーの権利を犠牲にするかもしれない」という難点があること，タカシ案には「集めた情報が公正に用いられないかもしれない」という難点があることを認識させる。
展開（2） 【20分】	○グループに分かれて，ワークシート②の設問1，設問2について話し合う。 ○話し合った結果を発表し，他のグループの発表内容を「三つの視点」で評価する。	★どの案についても難点があることが共有されたことを前提として，（設問1）その中でも比較的難点が小さいと考える案を選択させ，時間に余裕があれば，（設問2）どの案よりもよさそうに思われる別案がないかどうかを議論させる。 ★常識的に考えれば，そもそも必要な情報を集めることができないケンタ案は最初に選択肢から除外されるであろう。また，ミキ案も，不要な情報まで集めることになるうえ，

		その情報は好き嫌いという個人の内心のプライバシーに関わるものであるから弊害が大きい。そうすると，消去法でタカシ案が選択されることになろうが，前述の通りタカシ案にも難点があるから，（設問2）については，例えばタカシ案をベースにして判断（決定）者をチームリーダー5人の協議にする（ミキ案の長所を採り入れる）ことなどが考えられる。 ★必ずしも正解があるわけではないので，「三つの視点」からみて難点が小さければ自由な意見を尊重してよい。
まとめ 【5分】	○ものごとを決める際には，決めた結果が正しいかどうかだけではなく，決める手続きが公正かどうかも大切であることを再確認する。	★裁判手続きでは，罪を犯したと疑われている人が本当に犯人かどうかなどの重大な判断をすることから，三審制など，「決める手続き」のルールが厳格に法律で定められていることを説明する。

2. 第2時・ワークシート①

　ヤマナカ小学校は，1学年が1クラスだけの小さな小学校で，1年生から6年生まで，それぞれの学年の児童数は20人ほどです。

　この小学校では，毎年の秋，1年生から6年生までの全校児童120人ほどが，赤組・青組・黄組・白組・黒組の5つのチームに分かれて校内運動会をしています。

　運動会では，いろいろな競技が行われますが，いちばん高い得点があたえられるのは，1年生から6年生までの全員が50メートルごとにバトンをつないでいく全校リレーです。

　これまで，ヤマナカ小学校では，各チームのリーダーは6年生の中から立候補で決めていましたが，チームのメンバーは，それぞれのチームの力が同じになるよう，なるべく足の速い子とおそい子が各チームに公平に分かれるように，先生たちがチーム分けを決めていました。

　今年も，各チームのリーダーは立候補で決まりましたが，子どもたちの中から，「チーム分けは自分たちで決めたい」という希望が出たので，今年は，子どもたちが自分たちでチーム分けを決めることになりました。

　どんな「決め方」がよいでしょう。

> 【ケンタ君の案】　くじ引きで決めれば簡単だし，足の速い人もおそい人もてきとうに各チームに散らばるはずだから，公平だと思うよ。

> 【ミキさんの案】　せっかくの運動会だから仲よしの子と同じ組になりたいわ。だから，チームリーダー5人が，50メートル走のベストタイムと「だれが好きでだれがきらいか」を書いた紙をみんなから集めて，その5人で話し合って決めればいいと思うわ。

> 【タカシ君の案】　それぞれのクラスで体育の時間に全員が50メートル走のタイムを測ったらいいと思うよ。チームリーダーの中の一人が，そのタイムを見てチーム分けを決めればいいよ。

3. 第2時・ワークシート②

1. 下の表に自分の考えを書いてみよう。

	ケンタ君の案	ミキさんの案	タカシ君の案
① 必要な情報を集められそう？	（　）はい （　）いいえ ↓ 【理由】	（　）はい （　）いいえ ↓ 【理由】	（　）はい （　）いいえ ↓ 【理由】
② (①が「はい」のとき) 集めた情報は公正に使われそう？ (①が「いいえ」なら考えなくてもよい)	（　）はい （　）いいえ ↓ 【理由】	（　）はい （　）いいえ ↓ 【理由】	（　）はい （　）いいえ ↓ 【理由】
③ だれかの権利がぎせいにならない？ （ならない→はい） （なる→いいえ）	（　）はい （　）いいえ ↓ 【理由】	（　）はい （　）いいえ ↓ 【理由】	（　）はい （　）いいえ ↓ 【理由】

2. グループで話し合ってみよう。

(1) どの案に賛成しますか？　なぜですか？

(2) ほかに，よい「決め方」の案はありませんか？

No. 12 ☑高学年 ☑国語・社会・総合的な学習の時間・特別活動

本当に犯人？
三角ロジックで考えてみよう
―三角ロジックを使って事実を分析し，論理的思考力を身に付ける―

1. 授業の目標

1. 主張とそれを支える根拠・理由を正確に見極め，分析する力を身に付ける。
2. 根拠を示して主張すること，逆に主張を支える根拠を検証することによって，論理的思考力を身に付ける。
3. 事実には多角的な見方ができることを経験し，知る。

2. 授業の構成

■ 第 1 時
三角ロジックを用いて，事実を分析し論理的に考える思考方法を体得する。

■ 第 2 時
シナリオを用いて，主人公がゲームソフトを盗んだ犯人かどうかを論理的に検討することを通じて，法的思考を体験する。

3. 授業の解説

(1) 授業のねらいと刑事裁判の関係

人と人との関係の中で，互いの立場や考えを尊重しながら言葉で「伝え合う力」を高めることは，社会生活を営むうえで必要不可欠な能力です。そのためには，目的や意図に応じて，自らが考えたことや伝えたいことなどについて，説得力をもって的確に話す能力を育むことは極めて重要です。

このことは裁判でも同じです。すなわち，刑事裁判では，①罪を犯したと疑われている人（これを「被告人」といいます）が本当に罪を犯したかどうか，②被告人が罪を犯したと認められる場合には，被告人にどのような刑罰を科すのが適切かを判断します。判断をするのは裁判官（または裁判官と裁判員）ですが，裁判官は勝手に判断するのではなく，検察官と弁護人のそれぞれの言い分に耳を傾けて最終的な判断を下します。裁判において検察官は，①被告人が罪を犯したこと，②罪を犯した被告人に対して適切な刑罰がどの程度なのかということを，

証拠に基づいて主張します。一方，弁護人は，①被告人は罪を犯していない，②あるいは罪は犯したが検察官が主張するほど重い刑罰は必要がないことを，証拠や検察官の主張の矛盾を指摘しながら主張します。

このように，裁判において検察官と弁護人は，自らの言い分が証拠に合致していることや，その言い分自体が論理一貫していて合理的であることを示しながら，説得的に裁判官に伝えようとします。そして裁判官は，検察官と弁護人の言い分を聞いた上で判決という形で最終判断を下しますが，判決では，自らが下した判断が正しいことを，被告人さらには国民に対して説得力をもって伝えようとするのです。

今回の授業では，裁判で行われている「説得力をもって相手に伝える」作業の体験を通じて，児童の国語力や論理的思考力を育むことをねらいとしています。

(2) 刑事裁判における事実認定の重要性

この授業では，刑事裁判の細かい知識を必要とはしませんが，ここでは，事実を正しく認定すること，そして事実を正しく認定したと皆が納得できるように説明することの大切さについて，刑事裁判の基本的な原則と絡めて説明しておきます。

上述の通り，刑事裁判は，①被告人が罪を犯したか，②罪を犯したとして被告人に対する適切な処罰はどのようなものか，を判断する手続きであるため，どのような事実があったのかを判断すること（事実認定）が非常に重要になります。なぜなら，事実が明らかにならないと「罪を犯したか否か」は明らかになりませんし，事実が明らかにならないと，どのような処罰が「適切な処罰か」を判断することはできないからです。

もちろん，民事裁判においても事実についての争いが大部分を占めるのですが，民事裁判は私人と私人との間の経済的紛争などを扱うため，事実が明確にならない場合には和解という形で互いに譲歩した解決をすることも珍しくありません。しかし，刑事裁判における事実関係の争いは「有罪か無罪か」という争いであり，もし有罪となれば被告人に対し刑罰という重大な不利益が科せられることになるため，事実認定はより一層慎重になされなければなりません。事実認定を間違えば，無実の人を処罰してしまうという重大な人権侵害を招き，司法に対する国民の信頼も失われてしまいます。このような刑事裁判における事実認定の重要性から，犯罪事実の認定は証拠によってなされなければならないとされており（証拠裁判主義），しかも，類型的に誤りを導きやすい証拠は，法律で犯罪事実の認定に利用することはできないとされています。

(3) 経験則

とは言え，犯行直後に現行犯逮捕されたような場合や「動かぬ証拠」がある場合を除けば，過去の一時点で生じた歴史的事実を，その場に居合わせたわけでもない者が，証拠によって合理的に認定することは必ずしも容易ではありません（このこと自体は民事裁判でも同じです）。そのため，民事裁判でも刑事裁判でも，事実認定においては「経験則」が活用されます。「事

実認定は徹頭徹尾，経験則である」とさえ言われることもあります。

「経験則」とは，私たちの日常生活上，人間の行動について経験的に明らかになっている法則のことを言います。例えば，「天候が暴風雨であれば普通の人は無用な外出を差し控えるはずである」といった法則です。あくまでも人間の行動についての法則ですから，自然法則とは異なり，いかなる場合にも例外なく妥当するわけではないことには注意が必要ですが，どのような場合に経験則の例外が生じ得るかということ自体も経験則に照らして判断せざるを得ないのであり，結局のところ，事実認定を「合理的に」行うということは，人間の行動についての様々な経験則を知り（知識），これを活用できる（技能）ということに他なりません。児童が友達と交わり社会性を育んでいくということは，この経験則を深めていく過程とも言えるでしょう。

この授業では三角ロジックというツールを用います。三角形の頂点に位置付けられる「主張」が人間の行為の存否に関する主張である場合には，右下角の「理由付け＝主張とデータをつなぐ一般的な考え方」とは，自然法則ではなく経験則になることが多いことを指導に際して意識していただければと思います。

もしかしたら，三角ロジックに慣れるまで「データ」と「理由付け」の関係について混乱される方がいるかもしれません。これは，「理由付け」が上述の経験則によることから，普段の思考では当たり前のこととして，「理由付け」と意識していないからかもしれません。そのような方にとっては，「データ」と「理由付け」を分けて考えることにより，より論理的な思考を意識するきっかけになるかもしれません。

(4) 児童のみなさんに学んでほしいこと

この授業で扱う事実認定の技能は，決して刑事裁判で判決を考える場合にだけ用いられるわけではありません。日常生活の中で，相手に自分の言い分を正確に伝え，説得的に論じること，また，相手の意見を聞き正しく理解すること，さらには，場合によっては自分と相手の意見に食い違いがある場合にその原因がどこにあるのかを見極めること，すなわち円滑なコミュニケーションを築いていくために，主張と論拠とデータを明確に分けて考えたり，主張とデータをつなぐ論拠を一般的な法則として提示したりするなど，この授業で扱う技能が不可欠です。このような技能を身に付けることは，自分たちの身の回りで起こった課題やトラブルを自分たち自身で自主的に解決していくためにも役立つでしょう。

三角ロジックを用いることを通じて，自分の主張を明確にし，それを説得的に他者に伝えること，また，相手の主張を理解し，それを吟味することを体得してもらいたいと思います。

第1時

三角ロジックを学ぼう

1. 本時の目標

1. 主張とそれを支える根拠，理由を正確に見極め，分析する力を身に付ける。
2. 根拠を示し，理由を説明することによって主張を導き出すことを学ぶ。
3. 導き出された主張，主張を支える根拠，理由を検証することによって論理的思考力を身に付ける。

段階	学習活動	指導上の留意点
導入 【7分】	○これまで他人から誤解を受けて困った事例を思い出し発表する。 ・「これまでに，悪いことをしていないのに間違って怒られたという経験をした人はいますか？」 ・「どうすれば，怒られずにすんだと思いますか？」	★自らが誤解を受け，不利益になった事例を通じて，根拠をちゃんと説明できれば，問題にならなかった可能性のあったことを体感させることができるとよい。つまり，外から見た場合と，実際に行動している人の認識が違えば，評価も変わってくるということである。 ★相手が自分のことを理解してくれていれば，怒られなかったわけだし，翻せば，自分が相手にきちんと説明できれば怒られなかったとも言える。ただ，ここは導入だから，こういう趣旨の理由が出れば十分である。 ★主張だけではなく，主張を導く根拠を聞くことが大切であることに気付かせる。
展開（1） 【10分】	○主張だけではなく，主張を導く根拠を聞くことが大切であることに気付く。 【ワークシート①を配布】 ○ワークシートの事例について，みかさんの行動をどう思うか自由にワークシートに記入する。 ○次に，以下の二つの理由の場合に，評価が変わることに気付く。 理由1 「みかさんが，たかしくんのことが嫌いで，意地悪しようと思ったから。」 理由2 「みかさんが，たかしさんに貸した消しゴムを，返してもらおうと思ったから。」	★ワークシートを配布して読ませ，まず，児童の印象に従い，記入させる。一部の児童に発表させてもよい。 ★理由を二つ板書し，児童に書き取らせた上で，改めて，みかさんの行動をどう思うか考えてもらう。理由1と理由2とで，評価が異なることが実感できれば，目的としては達成である。 ★なお，法律的には，貸した消しゴムであれ，相手の意思に反して無断で奪うのは違法行為である。本問では，たかしさんが席に座っていて，みかさんが消しゴムを手に取ったことに（黙示的に）同意したという前提を想定している。

展開（2） 【15分】	○具体例を用いて，三角ロジックの考え方を学ぶ。 【ワークシート②③を配布】	★ワークシート②の最初の例を用いて解説する。なお，一番最初の思考の順番としては，「データ」「理由付け」「主張」の順番が分かりやすいかもしれない。つまり，「ある事実があるとき」「こういう理由で」「こういう結論になる」ということである。ただ，最終的には自分の主張を根拠づけるために，どういう事実を採用して，それをどのように理由付けるかという思考ができるようになるのが目標である。
	○練習問題に挑戦する。それぞれ，三つの文が主張，データ，理由付けのどこに位置付けられるのか考える。	★それぞれの練習問題の解答は，以下の通り。 （第1問）主張②　データ③　理由付け① （第2問）主張②　データ①　理由付け③ （第3問）主張③　データ②　理由付け① （第4問）主張①　データ②　理由付け③ 主張を支えるデータ，理由付けを混同しがちであるが，ワークシートの説明にある通り，理由付けは，「ふつう〜だ」という一般論としての意味合いをもつものである。そこから区別することができるであろう。
展開（3） 【8分】	○異なる主張の三角ロジックが存在する場合に，どのように判断したらよいか考える。 ・「たくやさんは，まさるさんがケガをしたのは，自分のせいではないと主張しています。たくやさんの主張を，同じようにまとめてみましょう。」 ○異なる二つの主張が出てきたときに，どのように結論を導くべきかについて，考える。	★たくやさんの主張を前提に三角ロジックを組み立てる（但し，これまでに比べてレベルが上がるので，クラスの実情に応じて，割愛してもよい）。 ★ワークシートに書かれたたくやさんの言葉には，「たくやさんは足を出していない」というデータと，「まさるさんがケガをしたのは，たくやさんのせいではない」という主張が含まれている。その間の理由付けとしては，「何もしていない人は悪くない」「何もしていない人のせいだとは言えない」というような一般論が当てはまるであろう。 ★まさるさんとたくやさんとで結論が変わるのは，基になっているデータが違うからである。したがって，正しい結論を導くためには，正しいデータを抽出することは必要となる。その点に気付き，さらに情報を正しく吟味することが理解できればよい。 ★なお，データが同じであっても，理由付けが違えば異なる結論や主張が導かれる場合もある。この点については，第2時で取り扱う。
まとめ 【5分】	○データを示し，データと主張をつなぐ理由を説明することの重要性を確認する。	

2. 第1時・ワークシート①

★考えてみよう♪

「みかさんは，たかしさんのいる机まで歩いていって，たかしさんの机の上にある消しゴムを手に取って，自分の席にもどってしまいました。」

1. みかさんの行動をどう思いますか？

2. 次の理由の場合，どう思いますか？

　理由1

　（あなたの考えは？）

　理由2

　（あなたの考えは？）

3. 第1時・ワークシート②

三角ロジックを使って考えてみよう！

（例） ① 火事が発生した。
② 消防車がサイレンを鳴らして走っていった。
③ 消防車は火事があると，サイレンを鳴らして火事の発生現場に向かう。

「私は，『①火事が発生した。』と考える。」

主張：言いたいこと，結論
（「私は，こう考える！」）

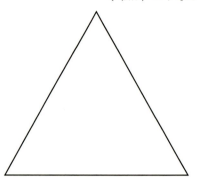

データ
具体的な事実，数値
（「こんなことがあった！」）

理由付け
主張とデータをつなぐ
一般的な考え方
（「ふつう，～だ！」）

「②消防車がサイレンを鳴らして走っていった。」

「ふつうは，『③消防車は火事があると，サイレンを鳴らして，火事の発生現場に向かう。』と考える。」

4. 第1時・ワークシート③

三角ロジックにちょう戦！

三つの文章を主張とデータ，理由付けに区別しましょう。そして，それぞれの文章が三角形の主張，データ，理由付けのどの部分になるのかを考えて，図に記号を入れてみましょう。

【第1問】
①運動会は雨が降ると中止になる。
②今日の運動会は中止だろう。
③天気予報では今日雨が降る確率は100％だった。

【第2問】
①ひかるさんは，小学校で一番泳ぐのが速い。
②ひかるさんは，小学校の水泳大会で優勝するだろう。
③水泳大会は，泳ぐのが一番速い人を決める大会だ。

【第3問】
①約束をした人は，約束を守らなければならない。
②ようこさんは，みわさんにマンガを貸してあげると約束した。
③ようこさんは，みわさんにマンガを貸してあげるべきだ。

【第4問】
①まさるさんがケガをしたのは，たくやさんのせいだ。
②まさるさんは，たくやさんの出した足につまずいて，転んでしまった。
④とつ然，転んでしまうと，ケガをしてしまう。

第2時

つよしくんは犯人？　三角ロジックで考えてみよう

1. 本時の目標

1. 導き出された主張，主張を支える根拠，理由を検証することによって論理的思考力を身に付ける。
2. 刑事裁判における事実の多角的な見方を身に付け，適正手続きと無罪推定の原則の意義を体感する。

段階	学習活動	指導上の留意点
導入 【5分】	○第1時の復習	★第1時のワークシートを見て，三角ロジックの考え方を復習しておく。
展開（1） 【25分】	【ワークシート①②を配布】 ○事例を読む。 ○三角ロジックを使って，つよし君が犯人と言えるのか，立場ごとに考える。 ○つよし君はゲームソフトを盗んだ犯人なのか，犯人でないのか，グループ討論する。	★やや複雑な事案であるため，児童一人に読ませて，その上で，解説したほうがよいであろう。 【議論の準備とルールについて】 ★あらかじめ，本時の授業に備えて，いくつかの班に分けておく。4～5人程度が適切だと思われるが，班ごとに立場を決める関係で，班の数は偶数とする。 ★各班を，つよし君が犯人だと主張する班と，つよし君が犯人ではないと主張する班に分け，班ごとに考える。 ★データは，分かっていることに書いてある①ないし⑤から選び，理由付けは，グループ討論をしながら考える。 ★分かっていることに書いてある①ないし⑤の中には，検察官，弁護人のどちらの立場のデータとも言えないものもあるし，双方の立場のデータと言えるものもある。 ★作成すべき三角ロジックは，一つではない。思いつく限りいくつも考え出すことが，この授業の意義であり，楽しさである。 【児童が理由付けに困っている場合】 ★教師はテーブルを巡回し，議論がどの程度深まっているかをチェックする。議論が進んでいないような場合には，「おたすけカード」に書かれている理由付けをヒントで選ばせたり，単に，おたすけカード記載の中から理由付けを選ばせてもよい（逆に，児童の中で十分議論が深まっていると判断される場合には，「おたすけカード」は使用しなくてもよい）。 ★第1時と違い，あらかじめ，主張すべき事柄が決まっており，それを基礎付けるための事実と理由付けを児童自身が

		探す授業となる。レベルは上がるが，自由度が増すため，活発かつ自由に議論させたい。 ★理由付けは，「おたすけカード」に書かれているもの以外にも考えられ，余程，的外れでない限りは，正解と言ってよい。
展開（2） 【10分】	○班ごとに作った三角ロジックを発表する。	★発表された三角ロジックを全て板書するのがよいだろう。その際には，同じデータからどういう結論が導かれているのか，できるだけ分かりやすく板書したい。 ★自分の班の立場と異なる班が，自分が採用したデータに対して，異なる理由付けを用いて，異なる結論を導いていることに気付くであろう。そこに驚きを感じることが，児童にとって大きな意義を有する。 ★もし，同じデータから異なる結論を導くような回答がなければ，教師の側から例示して児童に驚きを与えたい。
まとめ 【5分】	○同じデータでも，その理由付けの如何によって，結論が変わり得ることに気付く。	★あるデータがもつ意味を一方的な見方で決めつけてはいけないということ，つまりものごとを多面的に見ることの重要性について，まとめとして説明する。

2. 第2時・ワークシート①

つよし君は犯人（はんにん）？

　つよし君はゲームが大好きな小学5年生です。今，大人気のゲームソフト「ドラゴン・エイト」は今年の4月1日に発売されました。クラスの3分の2の友達は持っています。つよし君も「ドラゴン・エイト」のソフトが欲（ほ）しいのですが，お母さんに「ドラゴン・エイト」のソフトを買うことを反対されています。

　夏休みになり，つよし君の家の近所にあるおもちゃ屋さん「オオノ」では，古くなった「ドラゴン・エイト」10個（こ）に，それぞれ半額（はんがく）（1500円）のシールをはって売っていました。

　8月1日，おもちゃ屋さん「オオノ」で事件（じけん）が起きました。半額のシールがはってあった「ドラゴン・エイト」のソフトが1個，ぬすまれてしまったのです。

　つよし君は，8月5日，「ドラゴン・エイト」のソフトを持っていました。

　そして，つよし君がその犯人（はんにん）として疑（うたが）われています。つよし君は，「ぼくはぬすんでなんかいないよ」と言っています。つよし君は犯人なのでしょうか。以下の分かっていることをもとに三角ロジックを作って，考えてみましょう。

〜分かっていること（データ）〜

① つよし君は，8月1日，2000円を持っていた。

② つよし君は，前から「ドラゴン・エイト」が欲（ほ）しかった。

③ つよし君の友達のりょうた君は，8月5日，自分の「ドラゴン・エイト」を友達に貸（か）していた。

④ つよし君が持っている「ドラゴン・エイト」には「半額（はんがく）」と書いたシールがはってある。

⑤ つよし君は，「ドラゴン・エイト」がぬすまれたころ，おもちゃ屋さん「オオノ」の横の公園で，友達とかくれんぼをして遊んでいた。

3. 第2時・ワークシート②

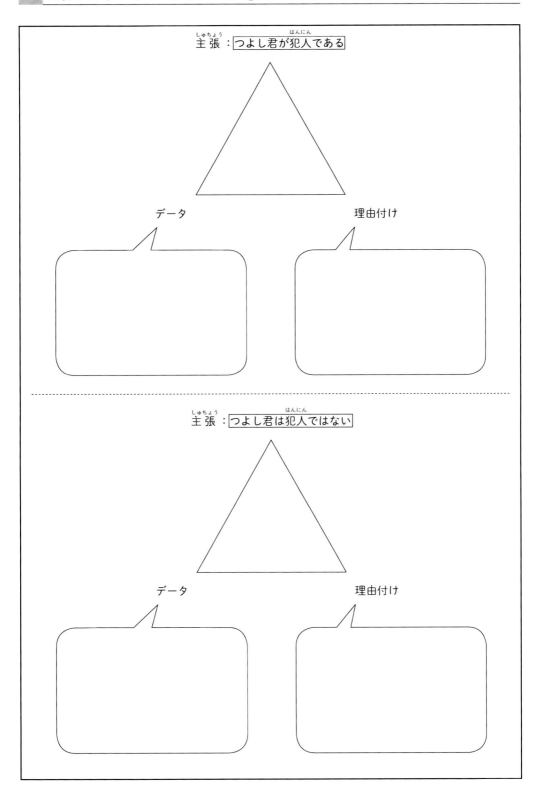

〜おたすけカード（理由付けの例）〜

(あ) 2000円を持っていれば，「ドラゴン・エイト」（1500円）を買うことができるから，常識的に考えればぬすむことはしないだろう。

(い) 2000円しか持っていないのであれば，「ドラゴン・エイト」（1500円）を買うとお金がなくなってしまうから，常識的に考えれば「ドラゴン・エイト」を買うことはしないだろう。

(う) 人は欲しいものがあれば，それを手に入れたいと思うだろう。

(え) 人は欲しいものがあっても，ぬすむとは限らないだろう。

(お) 友達から「ドラゴン・エイト」を借りたことがあるなら，持っている「ドラゴン・エイト」はぬすんだものではなく借りたものだろう。

(か) 友達から「ドラゴン・エイト」を借りたことがあっても，持っている「ドラゴン・エイト」が借りたものと同じものとは限らないだろう。

(き) ぬすまれた「ドラゴン・エイト」と，つよし君が持っている「ドラゴン・エイト」は，両方とも半額のシールがはってあるから同じものだろう。

(く) 半額のシールがはってある「ドラゴン・エイト」は10個あったのだから，ぬすまれた「ドラゴン・エイト」とつよし君がもっている「ドラゴン・エイト」が同じものとは限らないだろう。

(け) 公園でかくれんぼをしていたのであれば，おもちゃ屋さん「オオノ」に行くことができないだろう。

(こ) おもちゃ屋さん「オオノ」のとなりの公園でかくれんぼをしていたのであれば，おもちゃ屋さん「オオノ」に行くことができるだろう。

【日弁連市民のための法教育委員会　教材作成チーム】（下線は編集担当者）

〈第一東京弁護士会所属〉
吉田　幸加

〈神奈川県弁護士会所属〉
村松　剛

〈茨城県弁護士会所属〉
遠藤　俊弘

〈栃木県弁護士会所属〉
小森　竜介
杉田　明子
田名部　哲史

〈大阪弁護士会所属〉
木村　雅史

〈愛知県弁護士会所属〉
荒川　武志

〈福井弁護士会所属〉
野坂　佳生

〈広島弁護士会所属〉
西本　聖史

〈岡山弁護士会所属〉
原　智紀
横田　亮

〈島根県弁護士会所属〉
原　市

〈熊本県弁護士会所属〉
飯田　喜親
北野　誠

〈札幌弁護士会所属〉
政池　裕一

※現在の委員でない者も含め、本書に関わった全ての委員を挙げている。

小学校のための法教育12教材
～一人ひとりを大切にする子どもを育む～

2017（平成29）年9月3日　初版第1刷発行
2023（令和5）年6月10日　初版第3刷発行

編著者：日本弁護士連合会市民のための法教育委員会
発行者：錦織　圭之介
発行所：株式会社東洋館出版社
　　　　〒101-0054
　　　　東京都千代田区神田錦町2丁目9番1号
　　　　　　コンフォール安田ビル2階
　　　代　表　電話03-6778-4343　FAX03-5281-8091
　　　営業部　電話03-6778-7278　FAX03-5281-8092
　　　振　替　00180-7-96823
　　　URL　https://www.toyokan.co.jp
印刷・製本：藤原印刷株式会社
装丁・本文デザイン：吉野　綾（藤原印刷株式会社）
制作協力：株式会社あいげん社

ISBN978-4-491-03394-5　　Printed in Japan

JCOPY　〈(社)出版者著作権管理機構　委託出版物〉
本書の無断複写は著作権法上での例外を除き禁じられています。複写される場合は、そのつど事前に、(社)出版者著作権管理機構（電話03-3513-6969、FAX 03-3513-6979、e-mail：info@jcopy.or.jp）の許諾を得てください。